ビギナーズ・クラシックス 日本の古典

権記

角川文庫
22845

◆はじめに◆

藤原行成は、摂政太政大臣藤原伊尹の孫、右少将藤原義孝の子として、天禄三年（九七二）に生まれた。母は源保光の女。藤原忠平一男の師輔を祖とする九条流藤原氏の嫡流とも言える家系ではあるが、伊尹が行成の生まれた天禄三年、義孝が二年後の天延二年（九七四）、祖母（恵子女王）が正暦三年（九九二）、母と保光が長徳元年（九九五）に死去してしまい、行成は青年期までは不遇であった。

長徳元年に天皇の側近である蔵人頭に抜擢され、一条天皇や東三条院藤原詮子、藤原道長の信任を得て、以後は昇進を重ね、権大納言にまで昇進した。

一条の側近として、また顧問の臣として、その信任も厚かった行成であるが、道長長女の藤原彰子を中宮に立てた時や、道長外孫の敦成親王を東宮に立てた時など、重要な局面においては、道長の側に付き、一条の説得にあたった。公卿社会に有力な血縁や姻戚を持っていない行成とすれば、道長に接近して厚遇を受けること、そしてその結果として昇進することだけが、名門たる家を存続させることのできるただ一つの途であった。藤原実資から「恪勤の上達部」（道長に追従する公卿）と揶揄されても、それは仕方のないことだったのである。

行成は公務に精励し、王権内部の連絡に奔走したほか、諸芸に優れ、特に書では小野道風の様式を発展させた温雅な書風で和様書道の大成者とされ、後に三蹟の一人と称された。また、天皇の命を伝える宣命を読むのが得意だったようで、即位式など重要な儀式でしばしばその役を務めている。万寿四年（一〇二七）十二月一日から患いついて飯食も受けていなかったが、道長と同じ四日の深夜に厠に行く途中で顛倒し、一言も発せずにそのまま死去した。五十六歳であった。

行成の日記は、元々は『行成卿記』と呼ばれていたが、極官（その人の任じられた最高の官）の権大納言により、『権記』とも称されるようになり、今ではそれが通用している。二十歳の正暦二年（九九一）から寛弘八年（一〇一一）までのものが伝存し、これに五十五歳の万寿三年（一〇二六）までの逸文（諸書に引用されたもの）が残っている。特に蔵人頭在任中の活動が詳細に記されており、当時の政務運営の様相や権力中枢の深奥（宮廷の秘事）を把握するための第一級の史料である。

『権記』は日次記、別記、部類記などが複雑に伝来して、現在の形に至っているものと考えられる。現存する『権記』の最古の写本は、鎌倉期の書写とされる伏見宮家旧蔵本二十二巻（宮内庁書陵部蔵）である。一部は江戸期に書写された前田本（尊経閣文庫蔵）しか存在しない年もある。

藤原行成三条第故地

伏見宮本『行成卿記』（寛弘八年正月八日条、宮内庁書陵部蔵）

◆目　次◆

図表＝村松明夫
山下武夫（クラップス）

◆正暦二年（九九一）　地下人の眼差し

藤原行成二十歳（従五位上↓正五位下、左兵衛権佐・備後権介）　一条天皇十二歳　関白藤原道隆三十九歳　東三条院藤原詮子三十歳　中宮藤原定子十六歳

・九月七日　大臣任命の儀式

大臣を任命する儀式が行なわれた。諸官司が内裏の紫宸殿の設営を行なった。「南廂は中央の額の間から行なった」と云うことだ。……それから後の事は、見ていない。

「天皇の詔旨として宣する命令を、親王・諸王・諸臣・百官人たち・天下の公民、皆、聞くように」と宣した。『『太政大臣の官は、摂政正二位藤原道隆朝臣を任じるべきである。ところが謙譲の心が深くて、内大臣の官をも辞し申した。今回、なお昇進させるとしたら、その心に違うであろ

う。右大臣従一位　藤原為光朝臣は、数代にわたって仕えてきて、朝廷の重臣である。そこで特に太政大臣の官に上げなさり任じなさる。正二位行大納言　源　朝臣（重信）は、供奉すべき次席の人であるので、右大臣の官に任じられる。正二位行権大納言藤原　道兼朝臣は、朕（一条天皇）の舅である。天皇の恩を蒙るべき人なのであるから、特に内大臣の官に任じられる。また、正二位行権大納言　藤原済時朝臣を大納言の官に、正三位行権中納言　藤原公季朝臣を中納言の官に、参議従三位　藤原道頼朝臣を権中納言の官に、参議従三位　藤原伊周朝臣を権中納言の官に、正三位　藤原道綱朝臣を参議の官に任じられる』と宣せられた天皇の命令を、皆、聞くように」と宣した。

正暦二年九月七日

❖任大臣の事あり。諸司、南殿を装束す。「廂、額の間より」と云々。……次の事、之を見ず。

「天皇が詔旨らまと勅る御命を、親王・諸王・諸臣・百官人等・天下公民、衆、聞きたまへ」と宣る。「『太政大臣の官は、摂政正二位藤原道隆朝臣の任ずべきなり。而るに謙譲の心、深くして、内大臣の官をも辞び申してき。此の般、猶ほ昇進せしめば、彼の心に違ひぬべし。右大臣従一位藤原為光朝臣は、数代に歴仕へて、朝の重臣とあり。仍りて殊に太政大臣の官に上げ給ひ治め賜ふ。正二位行大納言源朝臣は、供へ奉るべき次いでの人に有るに依りて、右大臣の官に任け賜ふ。正二位行権大納言藤原道兼朝臣は、朕の親舅なり。朝恩を蒙るべき人なるに依りてなむ、殊に内大臣の官に任け賜ふ。又、正二位行権大納言藤原済時朝臣を大納言の官に、正三位行権中納言藤原公季朝臣を中納言の官に、参議従三位藤原道頼朝臣を権中納言の官に、参議従三位藤原伊周朝臣を権中納言の官に、正三位藤原道綱朝臣を参議の官に任け賜はく』と勅りたまふ天皇が御命を、衆、聞きたまへ」と宣る。

正暦二年九月七日

任大臣事、諸司装二束南殿一、廂従二額間一云々、……次事不レ見レ之、
天皇我詔旨良万と勅御命乎、親王・諸王・諸臣・百官人等・天下公民衆聞と宣、太政大臣乃官ハ、摂政正二位藤原道隆朝臣乃可レ任奈り、而謙譲心深之天、内大臣乃官を毛辞申天支、此般猶令二昇進一めハ、彼心尓違ぬへ之、右大臣従一位藤原為光朝臣ハ、数代尓歴仕へ天、朝乃重臣とあり、仍殊尓太政大臣乃官仁上給比治賜布、正二位行大納言源朝臣ハ、可二供奉一支次人尓有尓依天、右大臣乃官尓任賜布、正二位行権大納言藤原道兼朝臣ハ、朕之親舅奈り、朝恩を可レ蒙幾人那る仁依天那牟、殊尓内大臣乃官尓任賜布、又正二位行権大納言藤原済時朝臣乎大納言乃官尓、正三位行権中納言藤原公季朝臣乎中納言乃官尓、参議従三位藤原道頼朝臣乎権中納言乃官尓、参議従三位藤原伊周朝臣乎権中納言乃官尓、正三位藤原道綱朝臣乎参議乃官尓任賜久と勅布天皇我御命乎、衆聞食と宣、
正暦二年九月七日

✽これが現存する『権記』の最初の記事である。「任大臣の儀」と呼ばれる、大臣任命の儀式を記録したものである。儀式の次第を記した後、宣命（天皇の命を記した和文の詔）を写している。後年、宣命を読み聞かせる役を長く務めた行成ならではで

ある。なお、官位の訓（よ）みは、浄御原令（きよみはらりょう）のものをこの時代も踏襲している。

その宣命では、それぞれの大臣や公卿（くぎょう）が任命される理由が述べられている。太政大臣への任官を辞退した道隆、太政大臣に任じられた為光、右大臣に任じられた重信、内大臣に任じられた道兼について、親しげな言葉が述べられているのが特徴である。

ここでは一条天皇のミウチである道隆・道兼・道頼・伊周・道綱の名が見えるが、もはや天皇家のミウチではなくなった家系に生まれ、地下人（じげにん）の左兵衛権佐（さひょうえのごんのすけ）に過ぎない行成は、これらの言葉をどのような気持ちで聞いていたのであろうか。二十歳の行成は、はたして自分が将来、公卿となってこのような場に参列することを、ひそかに夢見ていたのであろうか。

なお、藤原道長（みちなが）は藤原顕光（あきみつ）と公季を含む四人を超越（ちょうおつ）（追い越すこと）して権大納言に任じられたが、行成が記した任官宣命には、何故か道長の名は載せられていない。

この年の『権記』の記事は、この日と、続く九月十日の短い記事（為光の任大臣大饗（にんだいじんだいきょう）の際の作法について、外祖父（がいそふ）の源保光（やすみつ）に意見を聞きに行ったもの）のみである。しかも、元々は七日の記事の前にあったもので、同じ日の記事とされていたのである。おそらくは、任大臣に関わる記事だけを集めた部類記（ぶるいき）に収められていたものであろう。

◆正暦三年（九九二） 行成、召問される

藤原行成二十一歳（正五位下、左兵衛権佐・備後権介） 一条天皇十三歳
関白藤原道隆四十歳 東三条院藤原詮子三十一歳 中宮藤原定子十七歳

・五月二十一日 左兵衛府の騎射予行演習／行成、朝廷から叱責される

左兵衛府の騎射の予行演習に参加した。二人の左兵衛佐（源伊頼・藤原行成）は叱責される事が有った。私（行成）は抗弁するところが有って、まだ始末書を提出していなかったのであるが、叱責されたことによって、参加することができなかった。左兵衛督〈藤原実資。〉が事情を一条天皇に申しあげさせたことには、「兵衛府にとって、年中の大事は騎射です。ところが二人の佐が叱責されているので、これに参って行なう人がおりません。あるいは日を延期させて行なうべきでしょうか。ただ、天皇の決定を

待って処置しようと思います」と。天皇の命令に云ったことには、「且つは始末書を提出させ、且つは儀式を欠かせることのないように」ということだ。左兵衛督は、このことを伝え送ってきた。その書状は何度も来た。そこで私は予行演習に参って、これを行なった。

❖府の荒手結に著す。両佐、召問せらるる事有り。余、陳べ申す所有り、未だ怠状を進らざる間と雖も、召問せらるるに依りて、参り著すること能はず。督〈実資。〉、事の由を奏せしむ。「府底の年中の大事は手結なり。而るに両佐、召問せらるる間、人の著し行なふこと無し。若しくは日を延べしめて行なふべきか。只、天裁を待ちて進退せん」と。宣旨に云はく、「且つは怠状を進らしめ、且つは公事を欠かしむること莫れ」といへり。督、此の旨を示し送る。其の消息、数度、来たる。仍りて之に著し行なふ。

著二府荒手結一、両佐有下被二召問一之事上、余有レ所二陳申一、雖下未レ進二怠状一之間上、依レ被二召問一、不レ能二参著一、督〈実資、〉令レ奏二事由一、府底年中大事手結也、而両佐被二召問一之間、無二人著行一、若可二令レ延レ日而行一歟、只待二天裁一進退矣、宣旨云、且令レ進二怠状一、且莫レ令レ欠二公事一者、督示二送此旨一、其消息数度来、仍著二行之一、

＊正暦（しょうりゃく）三年も、『権記（ごんき）』は断続的な儀式の覚書のような短い記事が残るのみである。一日分の記事しか残されていない月もあるし、もっとも多くの記事が残っている月でも四日分である。

その中で、五月二十一日条（五月で残っているのはこの二十一日条のみ）の記事は、『権記』全体の中でも異色のものである。何とあの行成が、何らか職務上の不始末をしでかし、朝廷から召問されて怠状を進上させられることとなったのである。しかも行成は、その措置に不満で、怠状を進上することはなかった。それでこの日に予定されていた左兵衛府の荒手結（あらてつがい）という儀式に参与することができなかったのである。

実直で忠実な行成に、いったい何が起こったのであろうと、あれこれ想像してしまうが、二十一歳の行成は、若者らしい抵抗を見せていたことになる。結局、上司である左兵衛督の実資が一条天皇との間を取りなし、何度も書状を送ってきたというので、荒手結に参与した。後年の実資と行成の関係を考えると、興味深い記事である。また、この事件で一条は行成の存在を、むしろ好もしく認識したものと思われる。

◆正暦四年（九九三）　中関白家の栄光

藤原行成二十二歳（正五位下→従四位下、備後権介）　一条天皇十四歳
関白藤原道隆四十一歳　東三条院藤原詮子三十二歳　中宮藤原定子十八歳

・七月十九日　源俊賢から夢想を知らされる

右中弁（源俊賢）と会ったところ、秘かに伝えて云ったことには、「先夜、比叡山（延暦寺）において、汝（藤原行成）の為に良い夢想を夢に見た」と云うことだ。仏教の不思議な力である。

❖右中弁、参会し、内々に示して云はく、「一夜、山に於いて汝の為に吉想を見る」と云々。仏法の霊験なり。

右中弁参会内々示云、一夜於レ山為レ汝見二吉想一云々、仏法霊験也、

✻正暦四年正月一日条からは、『権記』の記事がまとまって残されている。行成は正月の叙位で従四位下に昇叙されたが、それに伴って左兵衛権佐の官を解かれ、備後権介だけになってしまった。不遇は隠しようがなかったのである。全盛を誇る中関白家の関白藤原道隆や中宮藤原定子に接近していたとも指摘されている（黒板伸夫『藤原行成』）。『枕草子』に見える清少納言との交流も、その一環だったのであろうか。

そうした時、この年の八月に蔵人頭に任命されることになる俊賢が、行成のために吉夢を見たということを知らせてくれた。『大鏡』（第三巻・太政大臣伊尹）によれば、俊賢は蔵人頭の後任に行成を推挙し、それによって行成は蔵人頭に抜擢されたとある。先に述べたように、行成の昇進は、その時から始まったのである。

この吉夢は、不遇な行成の昇進に関わるものであろうが、俊賢は間もなく蔵人頭に任命されることはわかっていたはずであるし、その先の参議昇進も予測できていたはずである。そうすれば、その後任を誰にするかは、すでに無意識のうちに念頭にあったと考えるべきであろう。元々両者は交流があり、俊賢が行成の能力を高く評価していたとすれば、それが夢に出てきたとしても、不自然なことはない。もっとも、俊賢

が不遇な行成を元気付けるために語った虚偽の夢である可能性もある（倉本一宏『平安貴族の夢分析』）。

延暦寺根本中堂

源俊賢高松殿故地

★コラム1　古記録という史料

日本において日記の主流を占めるのは、男性皇族や貴族が日付を付して記録した日次記である。古くは『日本書紀』に引用されている「伊吉連博徳書」や『釈日本紀』所引の「安斗智徳日記」「調淡海日記」、「正倉院文書」の具注暦断簡があるが、平安時代に入ると、宮廷や官司の公日記と諸家の私日記が、ともに残されるようになる。特に私日記は、天皇以下の皇族、公卿以下の官人が日記を記したものである。

日本で平安時代以来、宮廷貴族の公家日記が数多く記録されているのは、『日本書紀』から始まる正史としての六国史の編纂が延喜元年（九〇一）に選上された『日本三代実録』で廃絶してしまったことに起因している。正史が絶えてしまったうえに、単行法令集としての格、施行細則としての式、『内裏式』『貞観儀式』など勅撰の儀式書も編纂されなくなっていたので、それに代わる先例の准拠として、日記の蓄積が求められたのである。

個々の貴族が日記を書く目的や動機、それに日記そのものの有り様も様々である。たとえば藤原師輔の『九条右丞相遺誡』に見える「日中行事」には、朝起きた時の行動として、「昨日のことを記す」というのがあるが、これが彼らの記した日記、つまり古記録ということになるのである。

具体的には、「年中の行事は、大体はその暦に書き記し、毎日それを見る毎に、まずそのことを知り、かねて用意せよ。また、昨日の公事（政務や儀式）、もしくは私的な内容でやむを得ざる事などは、忽忘（すぐ忘れること）に備えるために、いささかその暦に書き記せ。ただし、その中の要枢の公事と君父（天皇と父）所在の事などは、別に記して後に備えよ」とある。我々には考えられないことながら、食事をしたり身繕いをしたりする前に、彼ら平安貴族は昨日の儀式や政務を記録していたのである。彼らの多くは巻子本の具注暦と称される暦の余白（間明き）に日記を記したと思われる。この暦の余白に記したものを暦記、別の料紙に記したものを別記という。

記主本人の記した自筆原本も、藤原道長の『御堂関白記』（長徳元年〈九九五〉―治安元年〈一〇二一〉）をはじめ、源俊房の『水左記』（康平五年〈一〇六二〉―天仁元年〈一一〇八〉）などが残されているが、多くは様々な人によって書写された写本の形によって、後世に伝えられた。

また、何故に日記を書いたかという問題とは別に、何故に日記が残ったかという問題も存在する。何故日記が残ったのかは、先祖の日記を保存し続けた「家」の存在と、記録＝文化＝権力であるという、日本文化や日本国家の根幹に通じる問題に関わっているのであろう。もちろん、王朝が交替することなく、王権と朝廷、それを構成する天皇家と貴族の家が一つの都城に存在し続けたことも、日記が残った大きな要因となった。

日記はまさに、個人の秘記ではなく、後世の子孫や貴族社会、さらには生前にも広く共有された貴族社会の文化現象であったのである（倉本一宏『日本人にとって日記とは何か』）。

なお、これらの古記録以外に、『大鏡』『栄花物語』といった歴史物語、また『今昔物語集』『古事談』をはじめとする説話集にも、行成は数多く登場する。

これらの歴史物語や説話集に描かれた説話には、確実な原史料にもとづく箇所もあるのであるが、一方では特定の史観によって創作されたり改変されたりした箇所も多い。残念ながら私には、それらを分別する能力がない。よほどの超人的な能力を備えた人か、さもなければ史実を重視しない人でなければ、これらの文学作品を歴史叙述に使用するのは危険というものである。

一方、古記録はしばしば間違いや思い込みが記録されることはあるものの、記されたのは出来事の起こった当日か翌日、遅くとも数日後であり、故意に事実を曲げて記録することはない。その意味では、古記録こそが第一級の同時代史料であると言えよう。

読者の皆さんがよくご存じのエピソードがこの本に登場しないのは、そういった事情によるものである。

『御堂関白記』自筆本（寛弘八年六月二十一、二十二日条、陽明文庫蔵）

◆長徳元年（九九五）蔵人頭に抜擢

藤原行成二十四歳（従四位下、蔵人頭・備後権介）一条天皇十六歳　内覧兼右大臣藤原道長三十歳　東三条院藤原詮子三十四歳　中宮藤原定子二十歳

・八月二十九日　行成、蔵人頭に任命される（『西宮記』裏書にもあり）
早朝、内裏清涼殿の殿上間に控えた。巳刻（午前九時-十一時）、右大臣（藤原道長）が参上した。天皇の座において、蔵人（藤原）輔公を呼んだ。輔公はそれに応じて一条天皇の御前に参った。還ってきた。「あなた（藤原行成）が蔵人頭に任命されました」ということだ。すぐに畏れ多いということを天皇に申しあげさせた。重い服喪であったので、御礼を天皇に申しあげさせずに帰った。三条に参った〈越前守（平）親信朝臣の宅である。修理大夫（藤原懐平）が近頃、住まれている。そこで同居されているのである。蔵人頭に任命さ

れたということを申した。しばらくして三条の宅に帰り、老尼（源保光室）とお目にかかった。〉。……

❖早朝、殿上に候ず。巳剋、右大臣、参上す。昼御座に於いて蔵人輔公を召す。輔公、召しに応じて御前に参る。還り出づ。「蔵人頭に補せらる」といへり。即ち悚るる由を奏せしむ。重喪に依りて奏慶せしめず、退出す。三条に詣づ〈越前守親信朝臣の宅。修理大夫、近日、寄住せらる。仍りて同宿せらるるなり。頭に補せらるる案内を申す。頃くして三条に帰り、老尼に謁す。〉。……

早朝候二殿上一、巳剋右大臣参上、於二昼御座一召二蔵人輔公一、々々応レ召参二御前一、還出、被レ補二蔵人頭一者、即令レ奏二悚由一、依二重喪一不レ令二奏慶一、退出、詣二三条一〈越前守親信朝臣宅、修理大夫近日被二寄住一、仍被二同宿一也、申二補レ頭案内一、頃之帰二三条一謁二老尼一〉、……

✽関白藤原道隆、次いで藤原道兼が死去した長徳元年五月、道長が内覧という、実質は関白と異ならない地位に任命され、政権担当者となった。そして八月二十八日に先ほど登場した蔵人頭源俊賢が参議に任じられ、その後任の蔵人頭の座に行成が就いたのである。

これ以降、王権の中枢と政権の中枢を連絡するという行成の活躍が始まる。数々の「宮中の秘事」も、『権記』に記されることとなる。

この年に母源保光の女、そして祖父保光を続けて喪った行成は、服喪中ということで、一条天皇に直接、慶賀（昇進の挨拶）を奏上することができなかった。亡くなった二人も行成の出世については随分と心配していたことであろうが、蔵人頭への任命を伝えることができなかったのは、行成にとっても残念なことだったであろう。

なお、諸説話では、行成と藤原実方が殿上間で口論し、実方が行成の冠を投げ捨て、行成が争うことなく優美に振る舞ったのを一条が覗き見し、「行成は召し仕うことのできる者なのであった」ということで蔵人頭に抜擢し、実方を「歌枕を見てまいれ」と言って陸奥守に左遷したということになっているが（『古事談』）、これはまったくの創作である。奥州情勢が緊迫するなか、武官の実方を陸奥に派遣したのであり、実方の赴任に際しては、当の行成の『権記』長徳元年九月二十七日条に、一条が餞宴を賜わって位階を叙し、行成もそれに参加していることが見えるのである。

◆長徳三年（九九七）　高麗との折衝

藤原行成二十六歳（従四位下→従四位上、蔵人頭・左中弁・備前守）
一条天皇十八歳　内覧兼左大臣藤原道長三十二歳　東三条院藤原詮子三十六歳
中宮藤原定子二十二歳

・十月一日　大宰府、南蛮人来寇を急報

……一度目の饗宴の後、左大臣（藤原道長）が内裏紫宸殿の東階において、私（藤原行成）を介して一条天皇に申しあげさせて云ったことには、『大宰府から急報してきた使者が内裏の建春門の外におります。報告書を官人に託しています』と云うことです。大宰大弐藤原朝臣（有国）が、同じくこの使者に託して書状を送って云ったことには、『南蛮の賊徒が、肥前・肥後・薩摩国に到り、人や物を強奪して侵犯してきたということを、連日、申して来ております。そこで報告書を提出します』ということです。これは非常事態です。音楽や文書に捺印する儀式を中止して、儀式が終った後に、報告書に書かれている事を審議しようと思います」ということだ。天皇がおっしゃって云ったことには、「申請によれ」と。天皇は儀式が終わって清涼殿に戻られた。時に丑一刻(午前一時‐一時半)であった。しばらくして、左大臣が清涼殿の殿上間に参上して、大宰府の報告書を天皇に申しあげられた〈四通であった。筥に入っていた。この文書を、大臣(道長)が議場において開いて見た。大外記(中原)致時朝臣を殿上間に参上させた。私を介して天皇に申しあげさせた。〉。その時、天皇は、清涼殿の朝餉間にいらっしゃった。天皇のご命令によって、報告書を持参した。天皇の座に控えて、天皇が出てこられるのを待って申しあげた。また、ご命令によって、一々、報告書を開き、これを読んだ。おっしゃって云ったことには、「事態はすでに緊迫している。早く会議を行ない、指示を下させよ」と。すぐに天皇のご命令を大臣に伝えた。大臣は議場に還った。同三刻(午前二時‐二時半）、大宰府が急報した南蛮の侵攻について天皇に申しあげられた。公卿たちが審議して云ったことには、「大宰府の報告書のとおりであるならば、追討使たちに、もしその戦功が有れば、功績に随って行賞されるべきであろうか。また、よく祈禱を行なうべきである。重ねて要所を固めなければならない」と。また、高麗国の申してきた事について、審議して云ったことには、「先日、急報してきた大宰府の報告書には、高麗に到って犯罪を犯した者の名簿を記していなかった。今日の報告書には、すでにその名を記してある。そこで、その犯罪を犯し、矢を射た連中を追討するよう、返答に記し載せよ。また、文書を長門国にも下すべきである。ただし、その賊を捕獲したら行賞を賜うということを、返答の中に加えて載せるように。そもそも、この南蛮と高麗の事についてであるが、風説であるとはいっても、安心して危機を忘れているわけではない。非常の恐れは、謹慎となるようなことがあってはならない。よく種々の祈禱を行なわれるべきである。諸社に奉幣する使を出立されるべきである。鎮護国家のための仁王会や太元帥法を行なうべきであろうか」ということだ。天皇がお眠りになっていたので、申しあげることはできなかった。

❖……一献の後、左大臣、東階に於いて予をして奏せしめて云はく、「『大宰府より言上せる飛駅使、建春門の外に在り。解文を以て所司に付す』と云々。大弐藤原朝臣、同じく此の使に付して送る所の書状に云はく、『南蛮の賊徒、肥前・肥後・薩摩等の国に到り、人・物を劫め奪ひ侵犯せる由、逐日、申し来たる。仍りて解文を言上す』といへり。事、是れ非常なり。楽幷びに庭立奏等を停め、事了る後、解文の内の雑事等を定め申さん」といへり。仰せて云はく、「請ひに依れ」と。事了りて還御す。時に丑一剋なり。頃くして左大臣、殿上に参上し、大宰府の解文を奏せらる〈四通。筥に入る。件の文、大臣、陣座に於いて披き見る。大外記致時朝臣をして殿上に参上せしむ。予をして之を奏せしむ。〉。時に上、朝餉に御す。仰せに依りて持ち参る。昼御座に候じ、出御を待ちて奏聞す。又、仰せに依りて一々解文を開き、之を読む。仰せて云はく、「事、已に急速なり。須く早く定め申し、報符を給はしむべし」と。即ち勅旨を以て之を大臣に伝ふ。大臣、陣に還る。同三剋、大宰府の言上せる南蛮蜂起の事を奏せらる。諸卿、定め申して云はく、「府の解のごとくんば、追討の使々、若し其の功有らば、状に随ひて賞せらるべきか。又、能く祈禱を成すべし。重ねて要害を固むる趣きなり」と。又、高麗国の案内の事を申す。定め申して云はく、「先日、言上せる府の解、鶏林府に到り犯を成す者の夾名を注さず。今日の解文、已に其の名を注す。仍りて須く彼の犯を成し矢を射る等の類を追討すべき由、報符に注し載せよ。亦、官符を長門国に給ふべし。但し其の賊を得れば賞賜すべき由、状の中に加へ載すべし。抑も件の南蛮・高麗の事、浮説と云ふと雖も、安んじて危を忘れず。非常の恐れ、慎しみを成すがごときこと莫れ。能く種々の御祈を致さるべし。諸社に奉幣する使を立てらるべし。仁王会を行なひ、太元法等を修するか」といへり。御殿籠るに依りて奏聞すること能はず。

……一献之後、左大臣於二東階一令三予奏二云、自二大宰府一言上飛駅使在二建春門外一、以二解文一付二所司一云々、大弐藤原朝臣同付二此使一所レ送書状云、南蛮賊徒到二肥前・肥後・薩摩等国一、劫二人・物一奪侵犯之由、逐日申来、仍言三上解文二者、事是非常也、停二楽幷庭立奏等一、事了之後、定三申解文内雑事等二者、仰云、依レ請、事了還御、于レ時丑一剋也、頃之左大臣参三上殿上二、被レ奏二大宰府解文一〈四通、入レ筥、件文大臣於二陣座一披見、令三大外記致時朝臣参三上殿上二、令二予奏一レ之〉、于レ時上御二朝餉一、依レ仰持参、候二昼御座一、待二出御一奏聞、又依レ仰一々開二解文一読レ之、仰云、事已急速、須二早定申令レ給二報符一、即以二勅旨一之伝二大臣一、々々還レ陣、同三剋被レ奏二大宰府言上南蛮蜂起事一、諸卿定申云、如二府解一者、追討使々若有二其功一、随レ状可レ被レ賞歟、又可三能成二祈禱一、重固二要害一之趣也、又申二高麗国案内事一、定申云、先日言上府解不レ注下到二鶏林府一成レ犯者夾名上、今日解文已注二其名一、仍須レ追三討彼成レ犯射レ矢等類二之由、注三載報符一、亦可レ給二官符長門国一、但得二其賊一者可二賞賜一之由、可レ加三載状中一、抑件南蛮・高麗之事、雖レ云二浮説一、安不レ忘レ危、非常之恐莫レ如レ成レ慎、能可レ被レ致二種々御祈一、可レ被レ立下奉二幣諸社一使上、行二仁王会一、修二太元法等一歟者、依二御殿籠一不レ能二奏聞一、

※長徳二年（九九六）は、『権記』はいくつかの逸文を除くと、まったく残っていない。藤原伊周・隆家兄弟が左遷された「長徳の変」について、まったく記事がないのは、まことに残念である。この年には、行成は権左中弁、次いで左中弁に任じられ、頭弁として太政官政治の中枢にも位置を占めることとなった。

年が明けて長徳三年、十月一日に孟冬の旬という儀式が行なわれたが、その最中、大宰府が奄美海賊の九州乱入を言上してきた。しかも取り次いだ近衛官人は、高麗国の来寇を叫んだのである。議定では、要所の警固や賊の追討、神仏への祈禱、奉幣使の発遣、仁王会、太元帥法、戦功者の褒賞などが定められた。行成がこの結果を一条天皇に奏聞しようとしたが、すでに寝ていたので、翌日に奏聞した。

実際には、交易をめぐるトラブルによって、奄美島人が九州を襲撃したに過ぎなかったのであるが、この時期、敵国視していた高麗と外交をめぐるトラブルがあり、よけいに警戒感が強まっていたのである。

ただ、五箇国の沿岸が襲われて三〇〇人の住民が拉致され、さらには高麗国の兵船五〇〇隻が日本に向かっているという風聞を伝える解文の内容（『小右記』）を考えれば、彼らの対応における危機感の欠如は、驚くべきものであるが、これも平和な日本の特色なのである。

七世紀の白村江以来、長く外国と戦争をした経験のない彼らにとってみれば、「平和ボケ」も致し方ないところではあるが。なお、十一月二日に至って、四十余人を捕獲したとの報が到来している（『日本紀略』）。

◆長徳四年（九九八）　藤原道長と一条天皇との連絡

藤原行成二十七歳（従四位上、蔵人頭・左中弁↓右大弁・備前守）
一条天皇十九歳　内覧兼左大臣藤原道長三十三歳　東三条院藤原詮子三十七歳
中宮藤原定子二十三歳

・三月三日　道長、辞表を提出、一条天皇、これに回答

……或る者が云ったことには、「左大臣（藤原道長）は、急に病気となられている」と。すぐに蔵人弁〈（藤原）為任。〉と同車して相府（道長）の許に参った。民部大輔〈（源）成信。〉に逢って、病気の様子を問うたところ、伝えて云ったことには、「腰の病です。怨霊の行なったものです」と云うことだ。……また左大臣の許に参った〈右少弁（藤原朝経）と同車した。〉。左大弁（源扶義）にお目にかかった。また状況を申した。命令が有ったの

で、簾の中に入った。大臣（道長）がおっしゃって云ったことには、「この何年か、出家の望みが有った。今回、遂げようと思う」と云うことだ。そのついでに多くの事を語られた。一条天皇の謹慎期間であったので、宿直する為に内裏に参った。宿所で休息した。亥の後刻（午後十時－十一時）、権中将〈（源）経房。〉が慌しく来て、云ったことには、「相府の書状に云ったことには、『出家を遂げるということを天皇に申しあげるように』とのことでした」と。すぐに時刻を問わせた。右衛門尉〈（藤原）行正。〉が、丑一刻（午前一時－一時半）であることを伝えた。すぐに寝所に参上し、□典侍を介して状況を天皇に申しあげさせた。天皇の命によって南の戸から入り、御帳の南西の下に控えた。天皇がおっしゃって云ったことには、「大臣が出家を申請させた事については、功徳はこの上ない。これを妨害したりすれば、その罪の報いを畏れるべきであろう。ところが、『病体は怨霊の行なったものである』と云うことだ。仏道を修める心が堅固であって必ず志を遂げたいというのならば、病気が全快してから落ち着いて出家しては如何であろう。大臣の家に参って、このことを伝えてくるように。また、病を除き命を延ばす為に、出家者を許可しようと思う。先例はその数はどれほどであろう」と。すぐに、貞観年間に忠仁公（藤原良房）が外祖父として摂政であった時、重い病気となられていたことが有った際に、八十人を許可したという例を天皇に申しあげた。天皇がおっしゃって云ったことには、「その例は基準とするわけにはいかない。ところが、特に思うところが有って、八十人を許可することにしようと思う。同じくそのことを伝えるように」と。すぐに束帯を着て、中将（経房）と共にあの殿に参った。左大弁を介して、勅使として参ったということを伝え申した。大弁は還ってきて返事を伝えた。簾の中にまで入った〈母屋の几帳の内であった。大臣の寝所であった。〉。すぐに天皇のご命令を伝えた。大臣が返答して云ったことには、「ご命令は敬しく承りました。逆らい申すわけにはいきません。ただし出家につきましては、年来の願いでありますので、遂げるべきです。私（道長）は不肖の身でありながら、異例の恩を蒙り、すでに官位を極めました。現世に望みはございません。今、病はすでに危険であって、命を永らえることはできません。この時に本来の望みを遂げず、恨みを遺すのは、まったく何の益が有りましょうか。たとえ出家するとはいいましても、もし生命を保ったならば、姿を山林に隠すわけではありません。ただ来世の善縁を結ぶことを思うのです。また、天皇の恩に報いる為に、天皇の永遠の寿命を祈ろうと思います。生前は無限の恩を蒙り、今後もまた、無限の恩を蒙ろうとしております。生前の望みを、病中に遂げようと思います。最後の天皇の恩として、許可をいただきたいと思います。早く還って参って、よく天皇に申しあげるように」ということだ。すぐにまた、内裏に還って参り、頭中将〈（藤原）正光。〉を介して、この趣旨を天皇に申しあげさせた〈時に丑四刻（午前二時半－三時）であった。謹慎期間であったので、参上することができなかったのである。〉。しばらくして、中将（正光）が天皇の命を伝えて云ったことには、「申したところの趣旨は、詳しく聞いた。最も当然のことである。ただし、外戚の舅にして、朝廷の重臣であり、天下を和らげ治め、私（一条天皇）の身を補佐する事は、現在、大臣でなくては、誰がいるであろうか。今、大臣の重病を聞き、嘆息はこの上ない。『病気の様子は、怨霊の疑いが有る。数日を経るわけではなく、はなはだ重く病んでいる』と云うことだ。たとえ怨霊の行なったものであっても、望みを遂げるについては、何事が有るであろう。ところが、よく考えを廻らして、重ねて申請するように。その時に、あれこれ命じようと思う」ということだ。また還って参って、天皇の返事の趣旨を申した。大臣が重ねておっしゃって云ったことには、「勅命は極めて貴い。遁れ申すわけにはいかない。ただし、患うところは倍となった。これから望みを遂げるということを、重ねて天皇に申しあげさせるように」と。その頃、蔵人弁がまた、勅使として参り向かった。天皇の意向は、前と同じであった。

❖……或る者、云はく、「左丞相、俄かに煩ひ給ふ有り」と。即ち蔵人弁〈為任。〉と同車して相府に詣づ。民部大輔〈成信。〉に逢ひ、御悩の体を問ふに、示して云はく、「腰病。邪気の為す所なり」と云々。……又、左府に参る〈右少弁と同車す。〉。左大弁と相謁す。亦、事の由を申さしむ。教命有るに依りて、簾中に入る。丞相、命せられて云はく、「年来、出家の本意有り。斯の時、遂げんと欲す」と云々。此の次いでに多く雑事有り。御物忌に依りて、候宿せんが為、内に参る。宿所に休息す。人定の後、権中将〈経房。〉、遽かに来たりて云はく、「相府の御消息に云はく、『出家を遂ぐべき由を奏すべし』といへり」と。即ち剋限を問はしむ。右衛門尉〈行正。〉、丑一剋を示すなり。即ち夜大殿に参上し、□典侍をして事の由を奏せしむ。勅に依りて南戸より入り、御帳の坤の下に候ず。仰せて云はく、「丞相、出家を請はしむる所の事、功徳、極まり無し。妨礙を成すに依り、罪報、畏るべし。然れども、『病体、邪気の為す所』と云々。道心堅固にして必ず志を遂ぐべくんば、病悩、除愈して心閑かに入道するは如何。彼の家に罷り向かひ、此の由を仰すべし。又、病を除き命を延べんが為、度者を給はんと欲す。先例は其の員、幾ばかりなるや」と。即ち貞観年中、忠仁公、外祖父摂籙たる間、重く煩ふ所有る時、八十人を給ふを奏す。仰せて云はく、

「彼の例、因准すべからず。然れども殊に思し食す有り、八十人を給はんと欲す。同じく其の由を仰すべし」と。即ち束帯し、中将と共に彼の殿に詣づ。左大弁をして御使と為て参り来たる由を伝へ申さしむ。大弁、還り報ず。簾中に延べ入る〈母屋の几帳の内。丞相の寝所なり。〉。即ち勅旨を伝ふ。復命して云はく、「勅旨、敬しく奉る。遁れ申すべからず。但し出家の事、年来の宿念たるに依りて遂ぐべきなり。不肖の身を以て、不次の恩を蒙り、已に官爵を極む。現世に望み無し。今、病、已に危急にして、命を存すべからず。此の時に本意を遂げず、恨みを遺すは更に何の益有らんや。縦ひ出家すと雖も、若し身命を保たば、跡を山林に晦すべきに非ず。只、後世の善縁を結ぶを思ふなり。亦、朝恩に報い奉らんが為、天長地久の事を祈り奉るべし。生前、無涯の恩徳を蒙り、向後、亦、無涯の恩を蒙らんと欲す。生前の本意、病中に遂げんと欲す。最後の朝恩、允許を賜はらんと羨す。早く還り参りて能く奏すべし」といへり。即ち亦、還り参り、頭中将〈正光。〉をして此の趣きを奏せしむ〈時に丑四剋。御物忌に依りて参上することと能はざるなり。〉。暫くして中将、勅を伝へて云はく、「申さしむる所の旨、具さに聞し食す。尤も然るべきなり。但し外戚の親舅、朝家の重臣、天下を燮理し、朕の身を輔導する事、当時、丞相に非ざるより、誰人か在らんや。今、丞相の篤疾を聞き、嘆息、極まり無し。『病悩の体、邪気の疑ひ有り。数日を経るに非ず、甚だ以て重く困ず』と云々。縦ひ邪気の為す所に在るも、本意を遂ぐるに於いては、何事か有らんや。然れども能く思慮を廻らし、重ねて申請すべし。其の時、将に左右の由を仰せんとす。亦、還り詣で、勅報の旨を申す。重ねて示されて云はく、「勅命、極めて貴し。遁れ申すべからず。但し煩ふ所、倍す。是れより本意を遂ぐべき由、重ねて奏せしむべし」と。此の間、蔵人弁、又、御使と為て参り向かふ。事の旨、前に同じ。

……或者云、左丞相俄有二煩給一、即與二蔵人弁〈為任、〉一同車詣二相府一、逢二民部大輔〈成信、〉一、問二御悩体一、示云、腰病、邪気所レ為也云々、……又参二左府一〈與二右少弁一同車、〉、相二謁左大弁一、亦令レ申二事由一、依レ有二教命一入二簾中一、丞相被レ命云、年来有二出家本意一、斯時欲レ遂云々、此次有二多雑事一、依二御物忌一、為二候宿一参レ内、休二息宿所一、人定之後、権中将〈経房、〉遽来云、相府御消息云、可レ遂二出家一之由可レ奏者、即令レ問二剋限一、右衛門尉〈行正、〉示二丑一剋一也、即参二上夜大殿一、□令三典侍奏二事由一、依レ勅入レ自二南戸一候二御帳坤下一、仰云、丞相所レ令レ請二出家一事、功徳無レ極、依レ成二妨礙一可レ畏二罪報一、然而病体邪気所レ為云々、道心堅固必可レ遂レ志者、病悩除愈心閑入道如何、罷二向彼家一可レ仰二此由一、又為二除レ病延レ命欲レ給二度者一、先例其員幾許哉、即奏下貞観年中忠仁公為二外祖父摂籙一之間、重有レ所レ煩之時、給中八十人上、仰云、彼例不レ可二因准一、然而殊有二思食一、欲レ給二八十人一、同可レ仰二其由一、即束帯、與二中将一共詣二彼殿一、令下左大弁一伝中申為二御使一参来之由上、大弁還報、延二入簾中一〈母屋几帳内、丞相寝所也、〉、即伝二勅旨一、復命云、勅旨敬奉、不レ可二遁申一、但出家之事、依二年来宿念一可レ遂也、以二不肖之身一、蒙二不次之恩一、已極二官爵一、見世無レ望、今病已危急、不レ可レ存レ命、此時不レ遂二本意一、遺レ恨更有二何益一、縦雖二出家一、若保二身命一、非レ可レ晦二跡於山林一、只思レ結二後世之善縁一也、亦為レ奉レ報二朝恩一、可レ奉レ祈二天長地久之事一、生前蒙二無涯之恩徳一、向後亦欲レ蒙二無涯之恩一、生前本意病中欲レ遂、最後朝恩羨レ賜二允許一、早還参可二能奏一者、即亦還参、令三頭中将〈正光、〉奏二此趣一〈時丑四剋、依二御物忌一不レ能二参上一也、〉、暫之中将伝レ勅云、所レ令レ申旨具聞食之、尤可レ然也、但外戚之親舅、朝家之重臣、燮二理天下一、輔二導朕身一之事、当時自レ非二丞相一、在二於誰人一哉、今聞二丞相之篤疾一、嘆息無レ極、病悩之体邪気有レ疑、非レ経二数日一甚以重困云々、縦在二邪気之所一レ為、於レ遂二本意一有二何事一乎、然而能廻二思慮一、重可二申請一、其時将レ仰二左右之由一者、亦還詣申二勅報之旨一、重被レ示云、勅命極貴、不レ可二遁申一、但

所レ煩倍、自レ是可レ遂二本意一之由、可レ令二重奏一、此間蔵人弁又為二御使一参向、事旨同レ前、

✤長徳四年、道長はにわかに腰病を発し、三月三日に行成を介して出家の意を一条天皇に奏上した。一条はこれを許さず、道長が回復後に出家を申し出たとしたら、それを許すと答えている。道長が病を除くために本気で出家したがっていたことも、たしかなところであろうが、俗世への関わりは保ち続けていたかったのである。また、一条にはあくまで思い留まるよう言ってほしかったはずである。

三月十二日にも、道長は辞表を上呈した。これに対する一条の勅答は、大臣の辞任は許さず、文書の内覧と近衛随身を停めるというものであった（『権記』）。この時の道長の辞表は『本朝文粋』に残っているが、「私（道長）は声望が浅薄であって、才能もいい加減である。ひたすら母后（藤原詮子）の兄弟であるので、序列を超えて昇進してしまった。また、父祖の余慶によって、徳もないのに登用された。……二兄（藤原道隆・藤原道兼）は、地位の重さを載せて早死にした。」というものである。これも道長の偽らざる本音であろう（倉本一宏『一条天皇』）。

・七月十六日　強力の者に腸を引き出される夢想／心中に不動尊を念じ蘇生

昨夜、（橘）惟弘一人が私（藤原行成）の看病をしていた〈惟弘も、この何日か、病を患っている者である。〉。この暁方、十六夜の月を見る為に東簀子に出た。還って入って、しばらく肘掛けに寄りかかっていた時、前後不覚となった。惟弘を引き寄せて膝を枕にしていたが、すでに悶絶した。夢のようであり、また覚めていたのでもなかった。心の中で思うに、強力の者がいて、私の臍の下二寸の所から腸を引き出した。腸の遺ったところは腹中にわずか二寸だけとなった。この腸を引き出されてしまったならば、命は絶えてしまうに違いない。その時、「不動尊」の三字が、この二寸の腸の中に現れた。この字は、初めは小さかったが、段々と増長して腹中に満ちた。すぐにこの腸は、また還って入った。思わず心の中で不動尊を念じた。悲泣はこの上なかった。強力の者は、すでに去った。年少の時から、この不動明王を頼みにしてきた〈その画像は、とっさに座の側に安置した。これは母堂（源　保光の女）が造って伝え、信仰したものである。〉。それを身から捨て離してはいない。本願は欺くことはない。その効験を授けたのである。その頃、宅中で起きていた者は、惟弘ただ一人と孟光（行成室）だけであった。内外に言い広めた。いくつかの寺に行って、経文を読ませた。救命を祈って乞う以外には、あえて他の望みは無い。その頃、大僧都（観修）が左大臣（藤原道長）の許から徒歩で来訪して、十戒を授けた。初めの五戒では、まったく不覚であった。次に五戒、ようやく覚めた。授け終わって、前日の願書を読んだ。祈禱は丁寧であって、戒願も感応が有った。わずかに蘇生した。夜は段々と明け、僧都（観修）は左大臣の許に帰り参った。私と僧都との師弟の契りは現世のみの事ではない。のみならず、僧都の効験がはなはだ明らかであることを孟光や惟弘と納得したことは、この上なかった。

❖去ぬる夜、惟弘一人、病を看る〈惟弘、日ごろ、病を煩ふ者なり。〉。此の暁、月を見んが為、東簀子に出づ。還り入りて暫く脇息に凭ぐる間、心神、不覚。惟弘を引き寄せ、膝を枕く間、已に以て悶絶す。夢のごとく、又、覚むるに非ず。心中に省ふに強力の者有り、臍の下二寸より腸を引き出す。腸の遺る所、腹中に僅かに二寸ばかり。此の腸を引き出され了らば、命、已に絶ゆべし。時に「不動尊」の三字、此の二寸の腸の中に籠る。此の字、初め最小なりと雖も、漸々増長し腹中に満つ。即ち此の腸、又、還り入る。不覚に心中に不動尊を念じ奉る。悲泣、極まり無し。強力の者、已に去る。年少の時より、此の明王を憑み奉る〈其の画像、造次、座の側に安置す。是れ母堂の顕し奉り相伝せしめ持し奉る所なり。〉。其れ身を捨て離さず。本誓、誑さず。是の験を授くるなり。此の間、宅中に起くる者、惟弘只一人、幷びに孟光のみなり。内外に云ひ合はす。数寺に行き、諷誦す。救命を祈り乞ふ外、敢へて他の計無し。此の間、大僧都、左府より徒歩にて来臨し、十戒を授く。初め五戒、已に不覚。次いで五戒、漸く覚む。授け了りて前日の願書を読む。祈禱、懇切にして、戒願、感有り。僅かに以て蘇生す。夜、漸く明け、僧都、左府に帰り参る。我、僧都と師弟の契り、今生の事に非ず。しかのみならず僧都の験徳、甚だ明らかなる由、孟光、惟弘と感悟すること極まり無し。

去夜惟弘一人看レ病〈惟弘日者煩レ病者也、〉、此暁為レ見レ月出二東簀子一、還入暫凭二脇息一之間、心神不覚、引二寄惟弘一、枕レ膝間已以悶絶、如レ夢又非レ覚、心中省有二強力者一、自二臍下二寸一引二出腸一、々所レ遺腹中僅二寸許、此腸被二引出一了、命已可レ絶、于レ時不動尊三字籠二此二寸腸中一、此字初雖二最小一、漸々増長満二于腹中一、即此腸又還入、不覚心中奉レ念二不動尊一、無レ極二悲泣一、強力者已去、自二年少之時一、奉レ憑二此明王一〈其画像造次安二置座側一、是母堂奉レ顕令二相伝一所レ奉レ持也、〉、其不レ捨二離身一、本誓不レ誑、授二是験一之也、此間宅中起者惟弘只一人幷孟光而已也、内外云合、行二数寺一諷誦、祈二乞救命一之外、敢無二他計一、此間大僧都自二左府一徒歩来臨、授二十戒一、初五戒已不覚、次五戒漸覚、授了読二前日願書一、祈禱懇切、戒願有レ感、僅以蘇生、夜漸明、僧都帰二参左府一、我與二僧都一師弟之契、非二今生之事一、加以僧都験徳甚明之由、孟光與二惟弘一感悟無レ極、

✻強力の者に腸を引き出されそうになるという、何とも壮絶な夢であるが、実際には、

腹痛による失神時の幻想と考えるべきであろう。なお、この病は四月から流行が始まり、六、七月に猖獗を極めた疱瘡である（『日本紀略』）。この後、訪れてきた観修に十戒を授けられ、行成はようやく蘇生した。翌十七日には早朝から悶絶を繰り返したものの、十八日には快復している。

心神不覚という非常時において、行成は幼い頃から信仰している不動尊を心の中で念じたに過ぎないのであって、その文字が出現したからといって、夢自体には「仏からのメッセージ」的な要素はない。一心に念じていた言葉が、画像ではなく文字で表わされたに過ぎないのであるが、文字で脳裡に出てくるところなど、さすが行成という感がある（倉本一宏『平安貴族の夢分析』）。

・八月十四日　道長、辞表を提出／一条天皇、宮廷の秘事を仰す

先ず左大臣（藤原道長）の許に参った。内蔵頭〈（藤原）陳政。〉を介して、

今日、初めて内裏に参るということを申した。お目にかかった〈左大臣は簾の中にいらっしゃった。私（藤原行成）はその外に控えた。〉。様々な事をおっしゃった。また、病気が今になってもまだ全快しないということをおっしゃった。「そこで上表しようと思う。必ず辞表を留められるよう、一条天皇に申しあげるように」と。すぐに上東門から内裏に参った。天皇の御前に控え、大臣（道長）の申したことを天皇に申しあげた。天皇がおっしゃって云ったことには、「申すところは切実ではあっても、すぐに辞表を収めるわけにはいかない」と。そのついでに様々な事をおっしゃったことは、大変多かった。私は、よく直言して天皇を輔佐することはできない。これはそうありたいと願うところである。この他におっしゃった秘事は書かない。願わくは宮廷の温室の樹を語らない為である。

❖先づ左府に詣づ。内蔵頭〈陳政。〉をして、今日、始めて内に参る由を申さしむ。面謁す〈簾中に坐す。其の外に候ず。〉。雑雑なる事を示さる。又、悩む所、今に未だ愈えざるを示さる。「仍りて上表せんと欲す。必ず留めしめ給ふべき由を奏すべし」と。即ち上東門より内に参る。御前に候じ、大臣の申さしむる旨を奏す。仰せて云はく、「申す所、切なりと雖も、忽ちに収むべきに非ず」と。此の次いでに雑事を仰せらるること巨多なり。能く直言し輔導すること逮ばず。是れ羨する所なり。此の外、仰せらるる所の秘事は書かず。庶ひ幾くは温樹を語らざらんが為なり。

先詣二左府一、令三内蔵頭〈陳政、〉申二今日始参レ内之由一、面謁〈坐二簾中一、候二其外一〉、被レ示二雑雑事一、又被レ示二所レ悩于レ今未レ愈、仍欲二上表一、必可二令レ留給一之由可レ奏、即自二上東門一参レ内、候二御前一、奏二大臣令レ申之旨一、仰云、所レ申雖レ切、非レ可二忽収一、此次被レ仰二雑事一巨多、能直言輔導不レ逮、是所レ羨也、此外所レ被レ仰秘事不レ書、為二庶幾温樹不レ語也、

✲病悩によって辞表を出し続けているというような状況の中でも、着々と権力基盤の構築に手を打っているのが、道長の道長たる所以である。長徳四年八月十四日、行成に自分の辞表を奏上させた際に、何事かの「様々な事」（後文の「秘事」）を一条天皇

に奏させた。一条は辞表を却下し、その「秘事」に答えた。
『権記』の記事のうち、「温樹を語らず」というのは、『漢書』孔光伝（正史に載せられた孔光の伝記）や『蒙求』（唐の時代の幼学書）に見える語で、漢の孔光が宮中の温室殿にどんな木がはえているかと家人に聞かれても、黙って答えなかったという故事にちなみ、「朝廷内のことをみだりに口にしないこと」を指す。

この「秘事」は、十一歳に達した道長長女の彰子の入内に関わることと考えるのが穏当であろう（倉本一宏『一条天皇』）。ちなみに行成は、この後に詮子の許を訪れ、翌十五日に一条の勅答を道長に告げている（『権記』）。

このようなことを日記に記録して後世に伝えるという行成の行為も、自分が宮廷の秘事に関わっていたことを後世にまで伝え、子孫に有利な政治条件とすることを目的としたものであろう。もしも彰子が一条の皇子を産み、それが皇位を嗣いでいったら、また道長の子孫が政権を継いでいったら、行成の子孫がこれらの記事を示すことによって、「あなた方が皇位を嗣げたのも、また政権の座に就けたのも、自分の先祖の行成のおかげである」と主張することができるのである（と願ったのであろう）。

・十月十八日　行成男児、死去

未刻（午後一時－三時）、去年に誕生した男児が死亡した。赤子であるとはいっても、顔かたちは、はなはだ美しかった。何日か熱病を患っていた。今日、病気が少しおさまった。意識が無いのを見たので、母氏（藤原行成室）が抱っこしていた。愛情が強かったのである。幼少の児は気力が頼り無かった。そこで穢に触れない為に、私（行成）は東庭に下り立った。しばらくして、母氏が泣き出した。すぐに児が死亡したのを知った。この夜、（源）為文朝臣の宅に宿した。

❖未剋、去ぬる年、誕生せる男児、亡歿す。嬰孩に在りと雖も、容貌、甚だ美し。日ごろ熱瘡を煩ふ。今日、瘡気、少か伏す。力の気無きを見るに依りて、母氏、雍樹し、以て居り。愛愍の甚しきなり。幼少の者、気力、頼り無し。仍りて

穢に触れざらんが為、東庭に下り立つ。暫くして母氏、悲泣す。即ち児の亡ぬる剋を知る。此の夜、為文朝臣の宅に宿す。

未剋去年誕生男児亡歿、雖レ在二嬰孩一、容貌甚美、日者煩二熱瘡一、今日瘡気少伏、依レ見レ無二力之気一、母氏雍樹以居、愛愍之甚也、幼少之者気力無レ頼、仍為レ不レ触レ穢、下二立東庭一、暫之母氏悲泣、即知二児亡之剋一、此夜宿二為文朝臣宅一、

✲私が『権記』の記事の中で、もっとも深い感慨を抱くのは、宮中の秘事ではなく、家族の死に際しての行成の記述である。特に、子供の死に際しての妻室の嘆きの記述は、千年の時を超えてなお、胸を衝つものがある。

当時は現代と違って、新生児や産婦の死亡率はきわめて高かったから、行成も多くの子供や妻を亡くしているが、その都度、その嘆きを記録している。これは儀式や政務を後世に伝えるために記録するという古記録の本旨とは異なる、行成の生の声なのであろう。

それにしても、蔵人頭という要職にある行成は、死穢に触れると三十日の間、内裏に参入することができず、政務に関われない。子供の死に際しても産婦である妻に接

することもできず、外泊しなければならないのである。その辛(つら)さは、想像に余りある。

なお、以前、勤務先で「説話文学と歴史史料の間に」という共同研究を主宰していた際、ゲストスピーカーとして説話研究の大家である池上洵一氏に発表していただいた。その際、池上氏は『権記』や『明月記(めいげつき)』を使って発表されたのだが、冒頭にこの記事を引かれ、自分が『権記』でもっとも感慨深いのはこの記事であるが、古記録の専門家である倉本もこの記事がもっとも感慨深いと『権記』の現代語訳の「おわりに」に書いていることに愕然(がくぜん)とするとともに、自分の文学読みもまんざら的を射外したものではなかったと安心した旨をお話しになられた。私の方は、大家にこんなことをおっしゃっていただいて、ただただ感動したことは、言うまでもない。

★コラム2　摂関期の政務と儀式

摂関期（せっかんき）の公卿（くぎょう）たちが、遊宴と恋愛のみに熱意を示し、毎日ぶらぶら過ごしていた、という理解は、今日ではもはや見られないものと思われる。しかし、当時の政治が、先例を重視した清新さに欠けるものであり、儀式の執行を第一と考えていたという印象は、いまだに彼らに対する否定的なイメージとして定着しているように見える。

　しかしながら、人間は与えられた歴史条件の下でしか生きることはできない。すでに私の師匠である土田直鎮が指摘しているように、この時期の政務は儀式とかけ離れて存在するものではなく、行政事務も儀式の一つであって、先例を守り礼儀作法を整えて事務を行なっていたというのが、当時の政治であった（土田直鎮『奈良平安時代史研究』）。摂関期の公卿にとっては、政治を行なうには、儀式に則（のっと）って行なうしかなく、また、儀式を行なうことが、すなわち政治を行なうことだったのである。

　それにもまして、当時の宮廷儀式を正確に先例に則って執り行なうことが、いかに大変なことであったか、また彼らが大きな関心を持った事項に関しては、いかに熱心に対処していったかは、彼らの残した古記録や儀式書を見れば、容易に想像できる。

ただ、当時は『延喜式』をはじめとする法令と、各家の日記に記録された先例(故実)、時には父祖からの口伝、貴族社会の規範である道理、それらをもとにして、儀式次第が整備されていた途上であって、絶対的な基準が存在していたわけではなかったので、はなはだ厄介であった。しかも、それぞれの家によって先例が異なることもあったので、よけいに大変であった。

先例を調べるにあたり、自邸に先祖の日記を持っている公卿が、圧倒的に有利であることは、容易に想像できよう。翌日の儀式の前に、先祖の日記から先例を抜き出し、それを笏紙に書いて笏に貼り付け、当日に参考とすることができたのである。

違例を犯すと、それを指摘するために、弾指や咳唾といった行為が取られる。指を弾いたり、咳払いをしたり、唾を吐いたりされ、皆に(時には頤が外れるほど)笑われ、自邸に帰ってから日記に記録されるのであるから、平安貴族は大変なのであった。

当時は、藤原忠平の一男の実頼を祖とする小野宮流と、二男の師輔を祖とする九条流とで、微妙に儀式のやり方が異なっており（別に対立していたわけではないが）、儀式のたびに議論が行なわれていた。後に両者を包摂した藤原道長のやり方が御堂流として確立し、この議論は収束する。

それに関して、興味深い記事がある。寛弘六年（一〇〇九）三月十四日条に、行成は次のように記しているのである。

> 「左金吾（藤原頼通）は座を起って〈『左衛門陣に着す為である』と云うことだ。〉、敷政門を出た」と云うことだ。しばらくして、私は同じ門から退出した。去る天慶元年、九条殿（師輔）は中納言に任じられ、初めて参入した日に、この門から退出された。この例である。右将軍（藤原実資）と四条納言（藤原公任）は、この道を用いなかった。九条殿の一家の中宮大夫（藤原斉信）と左金吾は、出入する際に、この道を用いた。現在の左府（道長）の御説である。そもそも私（行成）は、この一門の者である。本来ならば参入する時は、この道を用いるべきである。ところが四条納言は、先に陣座にいた。上卿である以外は、この道を用いてはならない。そこで和徳門代から参入したのである。

寛弘七年（一〇一〇）六月二十日条にも、

先ず産穢三箇日の假文を、内（一条天皇）と東宮（居貞親王）に献上した。

外記局に参らなかった。天慶元年の九条殿の御日記の例によるものである。

とある。行成は明確に、自分を九条流の一員として認識していたのである。それは道長に追従するためではなく、師輔一男の伊尹の子孫であるという（元）嫡流意識によるものであろう。

また、行成は醍醐源氏との結び付きが強く、特に行成の養育にあたった外祖父源保光は故実に明るく、一家の説をもっていたとされる。『小右記』万寿四年（一〇二七）九月四日条には、官奏の際に上卿が参入する時、大弁は起座すべきでないことを示した行成について、実資は「桃園（保光）の説か」と記している。行成が九条流の中にあって、さらに意識的に保光流を受容し、一家の説を主張しているという考えもある（黒板伸夫『藤原行成』）。

行成と儀式については、万寿二年（一〇二五）正月の踏歌節会における斉信の違例を行成が日記に記録するための備忘に扇に書き付けておいたものを、子息の行経が、この扇を源隆国と替えたせいで、二月になって斉信の違例が広まってしまい、斉信がこれを怨んだという例（『小右記』）が有名である。行成は晩年に至るまで、儀式の集大成を望んでいたのであった。

近年、京都御所内の東山御文庫で「発見」された「年中行事」が行成の著わした『新撰年中行事』である可能性が指摘されているが（西本昌弘編『新撰年中行事』）、『新撰年中行事』は主として式を引用したものであり、『権記』からの引用はほとんど見られない。『新撰年中行事』が、行成の撰した儀式書のいかほどを伝えているかは、別問題である。

伏見宮本『野府記（『小右記』）』（万寿二年二月九日条、宮内庁書陵部蔵）

◆長保元年（九九九）　藤原彰子入内・敦康親王誕生

藤原行成二十八歳（従四位上、蔵人頭・右大弁・備後守→大和権守）
一条天皇二十歳　内覧兼左大臣藤原道長三十四歳　東三条院藤原詮子三十八歳
皇后藤原定子二十四歳　中宮藤原彰子十二歳　敦康親王一歳

・八月十八日　則天武后の故事と定子

江学士（大江匡衡）が来た。語ったついでに云ったことには、「白馬寺の尼（則天武后）が宮中に入って、唐が亡んだということです。皇后（藤原定子）が内裏に入ったことを思うと、内裏の火事は故事を引いたものでしょうか」と。

❖江学士、来たる。語る次いでに云はく、「白馬寺の尼、宮に入り、唐祚、亡ぶる由。皇后の入内を思ふに、内の火の事、旧事を引くか」と。

江学士来、語次云、白馬寺尼入レ宮、唐祚亡之由、思二皇后入内一、々火之事、引二旧事一歟、

✻御産が近づいた中宮定子は、八月九日に平生昌邸（竹三条宮）に退出した。この時、藤原道長は宇治の別業に遊覧してこれを妨害している。なお、『枕草子』第六段「大進生昌が家に」は、この時のことを描いたものである。

一条天皇は、八月十七日から定子のために御修法を行なわせ（『小右記』）、二十三日に定子御産の雑具調達を命じるなど、定子の皇子出産に強い期待を抱いていた。この二十三日には一条はふたたび行成に「叡旨」を漏らしたが、行成がまた、「昔、孔光は温室殿の前の樹を語らなかった。ましてや叡旨を記すわけにはいかないばかりである」と記しているところを見ると、それは「宮廷の秘事」に関わるものであった。今度生まれるのが皇子だったならば、立太子させることができようなどといった内容であろうか（倉本一宏『一条天皇』）。

しかし、八月十八日に大江匡衡が、唐の則天武后（武則天）の故事を行成に語り、内裏焼亡が定子の内裏参入によるとの見解を示すなど、公卿層は定子に冷淡であった。

・九月十二日　西山に遊覧／藤原公任、和歌を詠む

早朝、中将（源成信）と同車して左大臣（藤原道長）の許に参った。左大臣が野あそびを行なった。一昨日、左右金吾（藤原誠信・藤原公任）・源三相公（源時中）、および私（藤原行成）・右中弁（源道方）が相談して、この事を行なった。各々、弁当袋と弁当箱を準備した。先ず大覚寺・滝殿・栖霞観に到った。次に大臣（道長）は馬に騎った。以下の者はこれに従った。大堰河の畔に到った。式部権大輔（大江匡衡）が大臣の命によって、和歌の題を出した。云ったことには、「あちこちに紅葉を訪ねる」と。次に相府（道長）の馬場に帰って、和歌を詠んだ。初めに滝殿に到った時、右金吾（公任）が詠んで云ったことには、「滝の水音は絶えて久しくなったけれども、名声だけが流れ伝わって、まだ人の口から聞こえている」と。

❖早朝、中将と同車して左府に詣づ。左府、野望す。一昨、左右金吾・源三相公、并びに予・右中丞と相約して、此の事有り。各、餌袋・破子を調ふ。先づ大覚寺・滝殿・栖霞観に到る。次いで丞相、騎馬す。以下、之に従ふ。大堰河の畔に到る。式部権大輔、丞相の命に依りて、和歌の題を上る。云はく、「処々に紅葉を尋ぬ」と。次いで相府の馬場に帰り、和歌を読む。初め滝殿に到るに、右金吾、詠みて云はく、「滝の音の絶えて久しく成りぬれど名こそ流れて猶ほ聞こえけれ」と。

早朝与二中将一同車詣二左府一、々々野望、一昨与二左右金吾・源三相公并予・右中丞一相約有二此事一、各調二餌袋・破子一、先到二大覚寺・滝殿・栖霞観一、次丞相騎馬、以下従レ之、到二大堰河畔一、式部権大輔依二丞相命一上二和歌題一、云、処々尋二紅葉一、次帰二相府馬場一、読二和歌一、初到二滝殿一、右金吾詠云、滝音能絶弖久成奴礼東名社流弖猶聞計礼、

✲北山や東山に比べて、西山という言い方は馴染みがないが、北は京都市右京区の愛宕山に始まり、嵐山や大枝山を経て、南は京都府乙訓郡大山崎町の天王山までの通称である。愛宕山は標高九二四メートルで、実は京都市内でもっとも高い山である。

平安貴族もよく野遊び（ピクニック）を行なったが、この日は道長以下が、大覚寺・滝殿・栖霞観から大堰河を訪ねている。

大覚寺は嵯峨天皇の離宮に空海が五大明王を安置する堂を建てたのが起源である。嵯峨が死去してから三十数年後の貞観十八年（八七六）に、皇女の正子内親王（淳和天皇皇后）が離宮を寺に改めたものである。寺の東には嵯峨が中国の洞庭湖を模して築造した大沢池があり、池の北には公任ゆかりの「名古曾の滝」が復元されている

滝殿というのは、庭の泉水のほとりに建てた殿舎で、かつては名古曾の滝の前にも存在した。『今昔物語集』では百済河成が作庭したものと伝えている。

栖霞観は嵯峨野に源融が営んだ山荘である。後に奝然が宋から将来した釈迦如来立像を安置して開基した清涼寺となった。

大堰川は、桂川の上流部で、嵐山から松尾あたりまでを指す。その上流は保津川、下流は桂川といい、淀川に合流する。現在の観光地である嵐山辺りを遊覧したのであろう。

さて、この時に公任の詠んだ歌は、『千載和歌集』雑上、後には小倉百人一首に採られた名歌である。公任は紫式部でさえ一目置いた、当時最高の文化人であった。その公任の最高傑作とされるこの歌が詠まれた背景が、説話や詞書ではなく、『権記』によって明らかになっていることの意義は大きい。これを見ると、現地で詠んだ歌を、道長の土御門第の馬場で開かれた饗宴の際に披露したのである。

大沢池（名古曾滝跡）

薬師寺（金堂・西塔・東塔）

・十月十五日　大安寺・薬師寺・法華寺参詣

早朝、大安寺に詣でた。新たに修築を加えた所々が多くあった。特に破損していることは無かった。大安寺別当の平超はよく治めている。次に薬師寺に詣でた。道を廻って考えたことには、「大会は氏（藤原氏）にとって、大事な行事である。ところが、このところ、まったくその事を勤めていない。他氏（源氏）の建立した寺に詣でることは、意味のないことである」と。それに加えて、道は遠く日は高い。そこで、そこからは参らなかった。帰り路に、ちょっと法華寺に入って、建物を見て廻った。破壊は特に甚しかった。

❖晨、大安寺に詣づ。新たに修理を加ふる所々、数有り。殊に破れ損なふこと無し。別当平超、能治なり。次いで薬師寺に詣づ。道を廻りて思慮するに、「大会は氏の間、止むこと無き事なり。而るに此の間、専ら其の事を勤めず。他氏の建立せる寺に詣づること、無為なり」と。しかのみならず、途遠く日高し。仍りて更に詣でず。帰路、便りに法華寺に入る。堂舎を巡見す。破壊、殊に甚し。

晨詣二大安寺一、新加二修理一所々有レ数、無二殊破損一、別当平超能治也、次詣二薬師寺一、道廻思慮、大会者氏間無レ止之事也、而此間不三専勤二其事一、詣二他氏建立寺一無為、加レ之途遠日高、仍更不レ詣、帰路便入二法華寺一、巡二見堂舎一、破壊殊甚、

✲勝手に平安京の外に出ることは許されていなかった平安貴族であるが、「南都」とか「旧都」「故都」と称されていた奈良に出張を命じられる官人が存在した。藤原氏の氏神である春日社の祭礼である春日祭に勅使として派遣される者と、同じく藤原氏の氏寺である興福寺で行なわれる維摩会に際して、朝廷から派遣される者である。維摩会というのは、維摩経を講説する法会で、毎年、十月十日から十六日までの七日間、朝座と夕座が行なわれた。藤原不比等が始めたとされ、藤原仲麻呂が再興した。

　春日祭勅使は厳格で繁雑な儀式を遂行しなければならないので、とても気軽な旅行というわけにはいかなかったのに対し、維摩会勅使の方は、奈良に着いてしまえば、

後は法会は僧たちに任せておけばいいので、わりと自由時間も与えられて、あちこちで見物を行なうこともできたようである。

行成は、十月八日の正午前後に三条第から出立している。丹波得任と連滝（姓不明）、久範（姓不明）が供奉した、総勢四人の旅であった。一行は途中で小雨に降られたが、夜には雨が止んだ。そして深夜に奈良の宿所に到着した。行成が到着するということを、誰も興福寺に知らせなかったようで、挨拶に来る者はなかった。食事についても行成は、「甚だ疎略であった」と憤慨している。

いよいよ十日から、興福寺維摩会が始まった。十二日の朝座の後、行成は高僧の案内で諸堂を参拝し、奇異な物を見物している。牛頭の栴檀仏や釈迦尊の御足跡を納めた極楽浄土、その他である。十四日には、朝座のついでに、五重塔の初重内部の心柱の四周に描かれた四方四仏を見物している。なお、十三日には道長に熟柿を送っている。

そして十五日、興福寺も見飽きたのか、早朝から諸寺の見物に出かけている。薬師寺を参詣しようとしたところ、「源氏の建立した寺に詣でることは、意味のないことである」と考え、参らなかった。藤原氏と公家源氏の関係を考えるうえで、興味深い記事である。

維摩会は十六日に終わり、饗宴の座に就き、僧たちに布施を施し、昼に衣を替えて、行成一行は帰京の途についた。日が山頂に落ちた頃、宇治に到り、深夜に入京した。なお、帰忌日という陰陽道の禁忌があったので、自邸には帰らず、平親信の宅に宿している。

・十月三十日　彰子入内の為の屛風色紙形を書く

内裏から西京に参った。倭絵四尺屛風の色紙を書いた〈故（飛鳥部）常則の絵である。和歌は、現在の左大臣（藤原道長）以下の者が詠んだ。〉。

❖内より西京に参る。倭絵四尺屛風の色紙形を書く〈故常則の絵なり。歌は当時の左丞相以下、之を読む。〉。

自レ内参ニ西京一、書ニ倭絵四尺屏風色紙形一〈故常則絵、歌者当時左丞相以下読レ之、〉、

✻道長も中宮定子に負けてはいられない。九月二十五日にはじめて長女藤原彰子の入内について定め（『御堂関白記』）、十月二十三日には入内調度としての屏風和歌を諸卿に課し、藤原実資を「上達部（公卿）の役は、荷物持ちや水汲みに及ぶのか」と怒らせている（『小右記』）。

結局は、花山院はともかく、二十七日に道長に和歌を献じた公卿は、藤原公任・藤原高遠・藤原懐平・藤原斉信・源俊賢ら数人に過ぎなかったようである（『御堂関白記』）。これらは三十日に行成によって、故飛鳥井常則が絵を書いた屏風の色紙形に書かれた（『権記』『小右記』）。

定子の御産の日が間近に迫るなか、十一月一日に彰子は入内した（『御堂関白記』『権記』『小右記』）。公卿の多くが入内の行列に付き従ったというのも、彰子の入内が宮廷に安定をもたらす要因として、公卿社会から歓迎された結果によるものであろう。

・十一月七日　敦康親王、誕生／藤原彰子を女御とする

……一条天皇がおっしゃって云ったことには、「中宮（藤原定子）が男子（敦康親王）を産んだ。私（一条天皇）の気持は心地よい。七夜の産養に必要な物を遣わすことについては、通例によって奉仕させるように」ということだ。……天皇がおっしゃって云ったことには、「従三位　藤原彰子を女御とせよ」と。すぐに宿所〈東北対。〉に参って、大臣（藤原道長）に申した。そこで書状を氏の公卿たちの許に届けられた。女御は年十二歳。左大臣（道長）の長女である。母は故前左大臣従一位　源　朝臣雅信の第一女、従三位倫子である。

❖……仰せて云はく、「中宮、男子を誕む。天気、快然。七夜に物等を遣はすべき事、例に依りて奉仕せしむべし」といへり。……仰せて云はく、「従三位　藤原

彰子を以て女御と為せ」と。即ち御曹司〈東北対。〉に詣で、大臣に申す。随ひて御消息を氏の諸卿の御許に聞かせらる。女御、年十二。左大臣の長女。母、故前左大臣従一位源朝臣雅信の第一女、従三位倫子なり。

……仰云、中宮誕二男子一、天気快然、七夜可レ遣二物等一事、依レ例可レ令二奉仕一者、……仰云、以二従三位藤原彰子一為二女御一、即詣二御曹司〈東北対、〉一、申二大臣一、随被レ聞二御消息於氏諸卿御許一、女御年十二、左大臣長女、母故前左大臣従一位源朝臣雅信第一女、従三位倫子也、

✻一条天皇は、彰子を女御とするという宣旨を十一月七日に下したが、いまだ数えで十二歳に過ぎない彰子と一条との間に懐妊の「可能性」がなかったことは、誰の目にも明らかであった。それにもかかわらず、道長が彰子の入内を急いだのは、定子への一条の「寵愛」に対抗するためであった。定子から皇子が生まれる前に、何とか形だけでも自分の女を一条のキサキとし、一条にプレッシャーをかける必要を、道長は感じたのであろう（倉本一宏『一条天皇』）。

ところが、何という偶然か、彰子が女御となったのと同じ十一月七日の早朝、定子

は待望の第一皇子敦康を出産していた。これで一条は、一代限りという状況を打開する可能性が開けてきたことになる。一条はその喜びを隠そうとはしなかった。

一方、道長の『御堂関白記』は、彰子を女御とするという記事ばかりで占められ、皇子誕生については何も語っていない。また、『小右記』は、彰子の女御宣旨については詳しく記しているのに、皇子誕生については、「卯刻、中宮が男子を産んだ〈前但馬守（平）生昌の三条宅。〉。世に『横川の皮仙』と云う」とだけしか記していない。「横川の皮仙」とは行円のことであるが、「出家らしからぬ出家」という意味で、落飾しながら子を儲けた中宮に対する蔭口に転用されたものとされる（黒板伸夫『藤原行成』）。彰子の女御宣旨を祝う宴席ででも出た言葉であろうか。

・十一月十三日　花山院の熊野御幸中止を説得

早朝、内裏に参った。左大臣（藤原道長）の宿所に参った。「『花山院が、修行の為に伊勢国を経て熊野に参られようとしている』と云うことだ。あの国境は、今月、忌みが有る。上皇（花山院）が往復されたならば、都合が悪いに違いない。もしついでが有ったならば、このことを天皇に申しあげるようにと。すぐに事情を天皇に申しあげた。勅使として院（花山院）の許に参った。判官代（藤原）基頼を介して、これを天皇に申しあげさせた。院の返事に云ったことには、「永年の願いが有るので、先年、参詣しようとしていたが、天皇のご命令によって中止した後、様々な祟りが、すでに重なった。そこで祓を行なおうと思う。去年の秋、山に入ろうと思ったけれども、意外な障りがあったので、今まで延期している。厳寒の季節に及ぶのではあるが、無理に向かおうと思う。徒歩は堪え難いので、紀伊路に向かわず、密々に船に乗って参る為、伊勢を経由することになる。上下の者で付き従う人は、何人もいない。どうして途中の往復の煩いを起こすことがあろうか」ということだ。すぐに帰り参って、天皇に申しあげた。

❖早朝、内に参る。左府の御宿所に詣づ。「『華山院、御修行の為、伊勢国を経て熊野に参り給ふべし』と云々。彼の国境、今月、斎有り。上皇、往還し給ふは、便宜無かるべし。若し御消息有らば、留止せしめ給ふか。若し事の次いで有らば、此の由を奏すべし」と。即ち案内を奏す。御使と為て院に参る。判官代基頼をして、之を奏せしむ。御返事に云はく、「宿願有るに依り、先年、参詣せんと欲する間、仰せに依り罷め留むる後、事の祟り、已に重なる。仍りて賽を欲す。去ぬる秋、入山を思ふと雖も、慮外に障る所侍り、今に延引す。厳寒に及ぶと雖も、強ひて参り向かはんと欲す。行歩、堪へ難く、紀路に向かはず、密々に船に乗り、参らんが為、伊勢を経べし。上下、相従ふ所の人、幾くならず。何に因りて、路次の往還の煩ひを致すや」といへり。即ち帰り参りて奏聞す。

早朝参レ内、詣二左府御宿所一、華山院為二御修行一、経二伊勢国一可下参二熊野一給上云々、彼国境今月有レ斎、上皇往還給可レ無二便宜一、若有二御消息一、令二留止一給歟、若有二事次一可レ奏二此由一、即奏二案内一、為二御使一参レ院、令二判官代基頼奏一レ之、御返事云、依レ有二宿願一、先年欲㆓参詣㆒之間、依㆑仰罷留之後、事祟已重、仍欲㆑賽、去秋雖㆑思㆓立㆒、慮外所㆑障侍、于㆑今延引、雖㆑及㆓厳寒㆒、強欲㆓参向㆒、行歩難㆑堪、不㆑向㆓紀路㆒、密々乗㆑船為㆑参可㆑経㆓伊勢㆒、上下所㆓相従㆒之人不㆑幾、何因致㆓路次往還之煩㆒者、即帰参奏聞、

✻王権中枢が藤原彰子（しょうし）の入内（じゅだい）や藤原定子（ていし）の皇子誕生で忙しいなか、花山院が宿願の熊野御幸（ごこう）を遂げるため、十一月十六日の出立（しゅったつ）を準備していた。一条天皇は十三日に行成（ゆきなり）を花山の許（もと）に遣わして中止を要請したが、十五日にも行成を遣わして、中止を求めた。花山がそれも聞き入れないとの報告を受けるや、一条は今度は藤原実資（さねすけ）を呼び出し、「黙っていることはできない」と言って説得を依頼した（『権記（ごんき）』『小右記（しょうゆうき）』）。

実資は、熊野御幸は諦（あきら）めるが代わりに粉河寺（こかわでら）に参りたいという花山の返事を奏上したが、一条はこれに対しても中止を求めている。結局、実資が再び花山を説得し、すべて中止と決まった（『権記』『小右記』）。

一般には、花山は熊野で修行したかのように思われているが、確実な一次史料では、その根拠は見つからない。花山が熊野で詠んだ和歌というのも、熊野への途中、紀伊水道沿いの海岸線や、中辺路（なかへじ）の入口あたりで詠んだとされるものばかりである。本当に現地で詠んだのかも不明である。

この間の『権記』や『小右記』『日本紀略』他の信頼できる史料には、花山院の熊野御幸は見えない。一介の僧とは異なり、これほどの身分の人物が熊野まで出かけるとしたら、かなり大がかりな行事となるわけであり、当然ながら朝廷の注目を浴びるはずである。同時代の史料にまったく見えず、『権記』のこの記事でも、「永年の願いが有って、先年、参詣しようとしていたが、天皇の命によって中止した。去年の秋に山に入ろうと思ったけれども、意外な障りがあったので、今まで延期している」と言っていて、この年も参詣できなかったのであるから、花山院の熊野御幸自体が、実はまったく行なわれなかったと考えるべきであろう。

この長保元年に、花山が熊野詣を止められるという騒動が説話化されて、花山が実際に熊野に参詣したり修行したりしたという説話が作られたのであろう。

現在、一の滝（一般に「那智の滝」と称されている滝）の上流にある二の滝の滝口と相対する位置にある「円成寺」跡という平場には、「花山法皇行在所址」と称する碑が建ち、そこから出土した古瀬戸の茶碗や茶壺が収められていたという石櫃（の復元）が置かれている。私もそこまで登ってみたが、当然ながら、とても花山院が登ったり参籠したりできるとは考えられない立地であった。

・十二月七日　東三条院、彰子立后を一条に指示／道長、行成に深謝

……また、一条天皇にお伝えになることが有るというので、院（藤原詮子）の許に参った〈左大臣（藤原道長）の書状が有った。〉。また、院の書状を賜わって内裏に持参し、座において天皇にお見せした。次に大臣（道長）が申した趣旨を天皇に申しあげた。天皇がおっしゃって云ったことには、「この事は、どうすべきであろうか」と。私（藤原行成）が申して云ったことには、「諸官司の判官以下の官を任じられる時でさえ、公卿たちが審議するほど、政事は大切なものであります。自ずからこのようなものです。ましてやこれは大事であって、私の考えなど及ぶものではありません。ただし、大臣（道長）が申したことは熱心であって、その趣旨は当然のことです。それのみならず、先日、天皇もおっしゃっておられたことが有りました。そうですからこれは、今日は特に日時を命じられることはありませ

ん。ただ、服喪の期間に命じられるというのは、憚りが無いわけではありません。立后については、当然のことです。大臣が参った日に、直接、その事をおっしゃるべきでしょう」と。天皇が命じて云われたことには、「そのようにせよ」と。すぐに返事を賜わり、院の許に持参した。また、院の書状を左大臣の許に持参した。その時、すでに夕方に及んでいた。権中将（源成信）を介して事情を申した。大臣は病気となっていたので、簾の外に出られないということを伝えられた。命によって簾の中に入り、院の返事を伝えた。また、天皇の返事の趣旨を伝えた。大臣がおっしゃって云ったことには、「この事は、特に期日を承っていないとはいっても、決定したということを承った。汝（行成）の恩のおかげである。だいたい、蔵人頭に任命されて後、事に触れて厚情の深いことを見てはいたが、よくその悦びを伝えることができなかった。今、この時に至って、いよいよ深い恩を知った。汝自身の事については心配することは無い。我（道長）には数人の幼稚な子がいる。汝もまた、数人の子がいる。もし天命が有って、このような事が有った場合には、必ずこの恩に報いることとしよう。また、兄弟のように思い合うようにと、命じておくこととしよう」ということだ。喜ばれていることは、はなはだ多かった。権中将に逢って、様々な事を伝えた。深夜に及んで、出た。

❖……亦、示さるる旨有るに依り、院に参る〈御書有り。〉。亦、院の御書を給はり、大内に持参し、昼御座に於いて之を奏覧す。次いで大臣の申さしむる旨を奏す。仰せて云はく、「此の事、如何」と。申して云はく、「諸司三分以下を任ぜらるる時も、諸卿、僉議し、公事、止むこと無し。自ら以て此くのごとし。況んや是れ大事にして、愚意、及び難し。但し丞相、申す所、懇切にして、其の旨、然るべし。しかのみならず、先日、仰せらるる所の事有り。然れば則ち、今日、指して其の期を仰せらるること無し。只、廃朝の間に仰せらるべきは、事の憚り無きに非ず。此の事に至りては、然るべき事なり。参入の日、面りに事の由を仰すべきか」と。勅して曰はく、「然るべし」と。即ち御返事を賜はり、持ちて院に参る。又、院の御書を以て左府に持参す。時に已に秉燭に及ぶ。権中将をして事の由を申さしむ。悩むに依りて簾外に出でざるを示さる。命に依りて簾中に入り、御返事を伝へ奉る。又、勅報の旨を伝ふ。丞相、命せて云はく、「此の事、指して期日を承らずと雖も、一定の由を承る。汝の恩の至りなり。大都、顧問に候ずる後、事に触れ、芳意の深きを見ると雖も、其の悦びを示すこと能はず。今、斯の時に在りて、弥よ厚恩を知る。汝一身の事に於いては、思ふ所無かれ。我、数子の幼稚なる有り。汝、亦、数子有り。若し天命有り、此くのごとき事有る時、必ず此の恩に報ゆべし。亦、兄弟のごとく相思ふべき由、仰せ含むべし」といへり。欣悦し給ふ旨、甚だ多し。権中将に相逢ひ、雑事を示す。深更に及び、退出す。

……亦依レ有二被レ示之旨一参レ院〈有二御書一〉、亦給二院御書一、持二参大内一、於二昼御座一奏二覧之一、次奏二大臣令レ申旨一、仰云、此事如何、申云、諸司三分以下被レ任之時、諸卿僉議、公事無レ止、自以如レ此、況是大事、愚意難レ及、但丞相所レ申懇切、其旨可レ然、加以、先日有二所レ被レ仰之事一、然則今日指無レ被レ仰二其期一、只可レ被レ仰二廃朝之間一、非レ無二事憚一、

至二于此事一可レ然之事也、参入之日、面可レ仰二事由一歟、勅曰、可レ然、即賜二御返事一、持参レ院、又以二院御書一持三参左府一、于レ時已及二秉燭一、令三権中将申二事由一、被レ示二依レ悩不一レ出二簾外一、依レ命入二簾中一、伝三奉御返事一、又伝二勅報旨一、丞相命云、此事雖レ不レ承二指期日一、承二一定之由一、汝恩至也、大都候二顧問一之後、触レ事雖レ見二芳意之深一、不レ能レ示二其悦一、今在二斯時一、弥知二厚恩一、於二汝一身事一無レ所レ思、我有二数子之幼稚一、汝亦有二数子一、若有二天命一、有二如レ此之事一之時、必可レ報二此恩一、亦如二兄弟一可二相思一之由、可レ仰含一者、欣悦給旨甚多、相二逢権中将一示二雑事一、及二深更一退出、

✻十二月一日、太皇太后（たいこうたいごう）の昌子（しょうし）内親王が死去した。当時、后（きさき）には太皇太后・皇太后（こうたいごう）・皇后（こうごう）の三人が定められており、その総称、もしくは皇后の別称を中宮（ちゅうぐう）と称したが、昌子の死によって后の席が一つ空いたことになる。道長はここに長女の彰子（しょうし）をすべり込ませ、皇后と中宮を一人の天皇の別の后ということにして、一帝二后を実現しようと考えたのである。皇后と中宮を別の后にするというのは、かつて藤原定子（ていし）立后の際に兄の藤原道隆（みちたか）が使った手であるが、もちろん、別の天皇の后であった。

道長としては、第一皇子敦康（あつやす）親王を産んだ定子に対して、彰子の存在意義を低下させないために、その立后を急がなければならなかった。十二月初旬、まず一条天皇は

行成に対し、彰子立后の可否について相談した。彰子立后への動きは、一条の側から始まったのであるが、もちろんこれは道長の意を迎えたものである。

　一条の言葉は、ただちに道長に伝えられたのであろう。この十二月七日、道長は、一条の生母である東三条院詮子に一条を説得させるよう、行成に依頼した。行成は詮子の許を訪ねて書状を書いてもらい、それを託された。行成は参内して詮子の書を一条に見せ、次いで道長の意向を奏上した。一条が行成に意見を求めたところ、行成は立后を決定しても差し支えないと奉答した。一条は「然るべし（そのようにせよ）」と勅答したが、これが全面的な許諾というわけではなかった点が、後に問題となってくる。

　実は一条はまだ、彰子立后について決心していたわけではなかった。定子への個人的な愛情や、皇統を伝えるための敦康の重要性と、執政者や国母との円満な関係の維持との狭間に立ってしまっていたのである。

　行成は、まず詮子、次いで道長を訪れ、一条の勅答を伝えた。道長は彰子の立后は決定したものと解釈し、行成に最大限の謝意を述べている。

　ところが、十二月二十九日、行成は一条から、「后については、先日、院（詮子）に申したが、しばらく披露してはならない」との命を受けた。この突然の命令に行成は、一条が立后を許諾したどころか、いまだ一帝二后に逡巡(しゅんじゅん)していることを知り、驚いたことであろう。行成はこれを道長に伝えていない。

道長の方は、一条の勅許が下ったと思い込んでいて、年明け早々の長保(ちょうほう)二年（一〇〇〇）正月十日、安倍晴明(あべのはるあきら)を召して立后の雑事を勘申(かんじん)させた。そして、二十□日という日付が宜(よろ)しき日と出て、その結果を詮子、次いで一条に奉献したものと考えられる。ところが、詮子はともかく、まだ彰子の立后に逡巡していた一条は、道長に対してもストップをかけたのであろう。『御堂関白記(みどうかんぱくき)』の長保二年正月十日条を記し始めた道長は、彰子立后勘申に関する部分のみを一生懸命に抹消している（倉本一宏『摂関政治と王朝貴族』）。

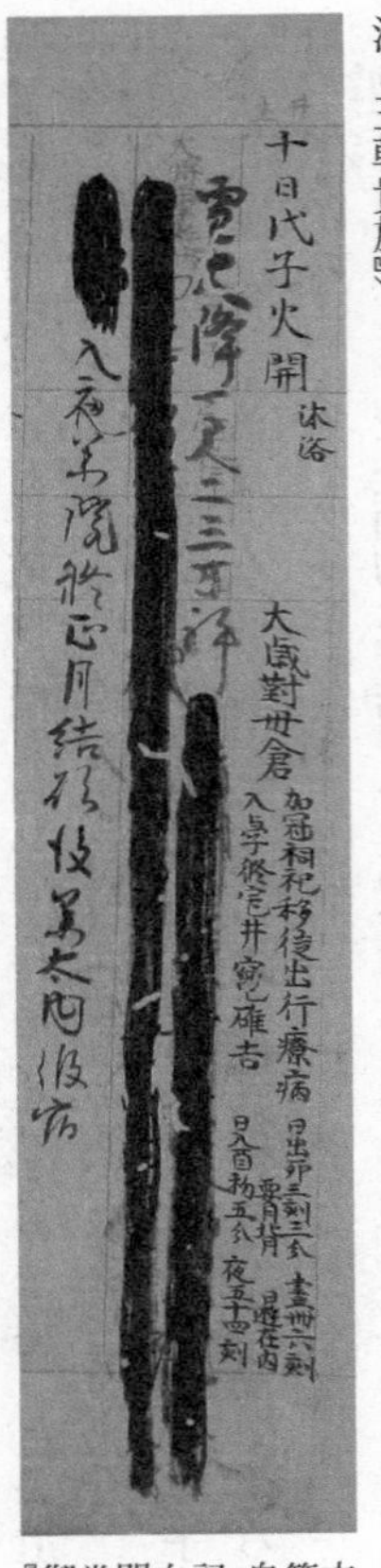

『御堂関白記』自筆本
（長保二年正月十日条、
陽明文庫蔵）

◆長保二年（一〇〇〇）　藤原定子崩御

藤原行成二十九歳（従四位上→正四位下、蔵人頭・右大弁・大和権守）
一条天皇二十一歳　内覧兼左大臣藤原道長三十五歳　東三条院藤原詮子三十九歳　皇后藤原定子二十五歳　中宮藤原彰子十三歳　敦康親王二歳

・正月二十八日　彰子立后兼宣旨／行成の説得（『冊命皇后式』『立后雑事抄』にもあり）

早朝、内裏に参った。この日、蔵人頭（藤原）正光朝臣が一条天皇の命を承り、女御（藤原彰子）の部屋に参って、これを左大臣（藤原道長）に伝え申した。立后宣命の日を選び申せとのことである。先日、内々にこの意向を大臣（道長）に告げるよう、天皇の命を蒙った。しかしながら院（藤原詮子）から伝えておっしゃる方が都合がよいであろうということを申した

〈以前、事を伝えた人は、或いは失敗した輩がいた。このような大事は、事が定まった後には、誤る事は無い。まだ定まらない間は、もし相違したならば、ただ現在の失態だけではなく、必ず後代の非難を招く。そこでその恐れを避ける為に申したものである。〉。天皇はこれを許諾された。これより以前に、大臣は、あらかじめ密かに、院のお言葉によって承っておられたものである。今日、吉日であったので、公然と伝えられたものである。この事については、去年の冬の末、太后（昌子内親王）が死去されて以来、度々そのことを催促して天皇に申しあげた。現在、いらっしゃる藤原氏の皇后は、東三条院（詮子）・皇后宮（藤原遵子）・中宮（藤原定子）である。皆、出家しているので、氏の祭祀を勤めることは無い。皇后に納められた物を神事に充てるというのは、すでにその数が決まっている。ところが出家の後は、その事を勤めない。后位を帯びているとはいっても、また納められた物が有るとはいっても、禄盗人の臣のようなものである。いたずらに私用に使って、空しく公物を費している。神事を勤めることが無いというのは、これを朝廷の政事に論じると、まったく何の益もない。度々怪異によって、官司が神事の違例を占ったというのも、この疑いの至るところであって、恐らくはその祟りは、このようなことによるものであろうか。永祚年間には四人の后がいた。これは漢の哀帝の乱れた代と同じ例である。その漢の后たちは皆、貶されて廃退され、別宮に住まわされた。事の不吉は、これでわかるところである。このような事態は避けるべきである。そもそも、初めに后を立てる儀では、非難が有ったとしても、先例としてここに基準を出しておけば、非難は無いのではなかろうか。まして現在は、いるところの后は二人（遵子・定子）である。今、それに一人を加えて神事を勤めさせることに、何事が有るであろうか。我が国は神国である。神事を先とすべきである。中宮は正妃であるとはいっても、すでに出家されている。したがって神事を勤めない。特別な天皇の恩が有るというので、中宮職の号を停められること無く、全て封戸を給与しているのである。重ねて妃（彰子）を立てて后とし、氏の祭祀を掌らせれば、神はあるいは咎を受け容れてくれるのではなかろうか。

また、大原野祭は、その由緒を尋ねると、「后宮が起請するものである」と云うことだ。ところが現在、二后は共に勤めることは無く、左大臣が氏長者であるというので、独りでその祭祀を勤めている。欠怠を犯すことはないとはいっても、恐らくは神明の本来の望みではないのではなかろうか。これまた、神事の違例と称すべきである。小臣（藤原行成）は藤原氏の末席であり、氏の院別当として様々な氏の祭祀に関与して、詳しくその事情を知っているので、申すものである。その可否については、ただ天皇の選択にある。この間、天皇に申しあげたことは多かったとはいっても、すべてを詳らかにすることはできない。天皇と大臣（道長）が、詳しく知っておられるところである。その時、大臣は天皇の命を承った後、女房装束一揃えを勅使（正光）に賜わった。勅使は天皇の御前に参って、返答した。大臣は御所に参り進んで、御礼を天皇に申しあげさせ、舞った〈大蔵卿正光朝臣が御礼を伝えた。〉。また、院の宿所に参って御礼を申しあげ、拝した〈私（行成）がこれを伝えて申しあげた。〉。大臣は自邸に出て、宣命の日の事を定められた。私は立后の旧い日記を献上した。先日の命令によるものである。

❖早旦、内に参る。此の日、蔵人頭正光朝臣、勅を奉り、女御の御曹司に詣で、之を左大臣に伝へ申す。立后宣命の日を択び申さしむべき由なり。先日、内々に此の気色を以て、大臣に告ぐべき由、勅命を蒙る。然れども院より伝へ仰せらるるが便宜有るべき由を申す〈先々、事を伝ふる人、或いは失錯の輩有り。此くのごとき大事、事定むる後、相誤る事無し。未だ定まらざる間、若し相違有る時、唯、当時の喧嘩のみに非ず、必ず後代の誹謗を招く。仍りて其の難を避くる為、申す所なり。〉。上、之を諾す。是より先、大臣、予め密々に、院の仰せに依りて承り給ふ所なり。今日、吉日に依り、露はに仰せらるる所なり。此の事、去ぬる年の冬の末、太后、崩じ給ひて以来、度々其の旨を催し奏す。当時、坐す所の藤氏の皇后、東三条院・皇后宮・中宮。皆、出家に依り、氏の祀を勤むること無し。職納の物、神事に充つべきは、已に其の数有り。然れども入道の後、其の事を勤めず。后位を帯ぶと雖も、納物有りと雖も、尸禄素湌の臣のごとし。徒らに私用に資し、空しく公物を費す。神事を勤むること無きは、之を朝政に論ずるに、未だ何の益も有らず。度々怪に依り、所司、神事違例の由を卜中するも、疑慮の至る所にして、恐るらくは其の祟り、此くのごときに在るか。永祚中、四后有り。是れ漢の哀の乱代の例なり。其の后、皆、貶されて廃退し、別宮に居り。事の不吉、其の知る所なり。此くのごときは避くべし。抑も初めに立つる儀、謗毀有りと雖も、例、爰に准拠を出すに致りては、難無きか。況んや当時、在る所、二后なり。今、其の一を加へて神事を勤めしむるに、何事か有らんや。我が朝は神国なり。神事を以て先と為すべし。中宮、正妃たりと雖も、已に出家入道せらる。随ひて神事を勤めず。殊なる私の恩有るに依り、職号を止むること無く、全て封戸を納むるなり。重ねて妃を立てて后と為し、氏祭を掌らしむれば、神明、若しくは議咎を享くか。又、大原野祭、其の濫觴を尋ぬるに、「后宮の起請する所に在り」と云々。而るに当時の二后、共に勤むる所無く、左大臣、氏長者に依り、独り其の祀事を勤行す。欠怠を致さずと雖も、恐るらくは神明の本意に非ざるか。是れ亦、神事の違例と謂ふべし。小臣、藤氏の末葉にして氏の院別当と為て、諸の氏祭の事を預かり知り、具さに其の案内を知り給へ、申す所なり。其の可否に於いては、只、聖択に在り。此の間、奏する所、其の旨、多しと雖も、悉く之を詳らかにすること能はず。主上・大臣、具さに知し食す所なり。時に大臣、勅命を奉る後、女装束一襲を以て勅使に被く。御前に参り、復命す。大臣、御所に参り進み、慶びの由を奏せしめ、拝舞す〈大蔵卿正光朝臣、之を伝ふ。〉。亦、院の上御廬に参り、慶びを啓し、再拝す〈予、之を伝へ啓す。〉。大臣、里第に退出し、宣命の日の雑事を定めらる。予、立后の旧記を以て之を奉る。先日の命に依るなり。

早旦参レ内、此日蔵人頭正光朝臣奉レ勅、詣二女御々曹司一、伝二申之左大臣一、立后宣命日可レ令二択申一之由、先日内々以二此気色一、可レ告二大臣一之由蒙二勅命一、然而申下自レ院被二伝仰一可レ有二便宜一之由上〈先々伝レ事之人、或有二失錯之輩一、如レ此之大事、事定之後、無二相誤事一、未レ定之間、若有二相違一之時、唯非二当時喧嘩一、必招二後代之誹謗一、仍為レ避二其難一、所レ申也、〉、上諾レ之、先レ是大臣予密々依二院仰一所二承給一也、今日依二吉日一、露所レ被レ仰也、此事去年冬之末、太后崩給以来、度々催二奏其旨一、当時所レ坐藤氏皇后東三条院・皇后宮・中宮、皆依二出家一、無レ勤二氏祀一、職納之物、可レ充二神事一、已有二其数一、然而入道之後、不レ勤二其事一、雖レ帯二后位一、雖レ有二納物一、如二尸禄素飡之臣一、徒資二私用一、空費二公物一、無レ勤二神事一、論二之朝政一、未レ有二何益一、度々依レ怪、所司卜二申神事違例之由一、疑慮所レ至、恐其祟在レ如レ此歟、永祚中有二四后一、是漢哀乱代之例也、其后皆被レ貶廃退、居二別宮一、事之不吉、其所レ知也、可レ避レ如レ此、抑初立之儀、雖レ有二謗毀一、例致二爰出二准拠一無レ難歟、況当時所レ在二二后一也、今加二其一一令レ勤二神事一有二何事一哉、我朝神国也、以二神事一可レ為レ先、中宮雖レ為二正妃一、已被二出家入道一、随不レ勤二神事一、依レ有二殊私之恩一、無レ止二職号一、全納二封戸一也、重立レ妃為レ后、令レ掌二氏祭一、神明若享二議咎一歟、又大原野祭尋二其濫觴一、在二於后宮之所二起請一云々、而当時二后共無レ所レ勤、左大臣依二氏長者一、独勤二行其祀事一、雖レ不レ致二欠怠一、恐非二神明之本意一歟、是亦可レ謂二神事之違例一、小臣藤氏之末葉為二氏院別当一、預二知諸氏祭事一、具知二給其案内一所レ申也、於二其可否一只在二聖択一、此間所レ奏其旨雖レ多、不レ能二悉詳一之、主上・大臣具所二知食一也、時大臣奉二勅命一之後、以二女装束一襲一被二勅使一、参二御前一復命、大臣参二進御所一、令レ奏二慶由一、拝舞〈大蔵卿正光朝臣伝レ之〉、亦参二院上御廬一啓レ慶、再拝〈予伝二啓之一〉、大臣退二出里第一、被レ定二宣命日之雑事一、予以二立后旧記一奉レ之、依二先日命一也、

✿長保元年（九九九）十二月以降、行成は彰子立后を正当化する理屈をたびたび一

条に説いている。立后が正式に決定した翌長保二年正月二十八日条にまとめて記されている内容を要約すると、東三条院詮子・皇后遵子・中宮定子と三人いる藤原氏出身の后は出家しており、氏の祭祀、特に大原野祭を勤められない。定子は正妃ではあるが出家入道しており、帝の個人的な恩寵によって、中宮号を止めずに封戸も支給されているに過ぎない。重ねて彰子を后とし、氏祭を掌らせるのがよろしかろう、ということである。なお、『冊命皇后式』所引『権記』では、行成は定子の廃后の可能性にも言及して、一条を説得（恐喝？）している。日次記としてまとまって残った伏見宮本『行成卿記』とは別に、立后に関わる記事のみを類聚した部類記に引用された『権記』が存在したのである。

一条の側近でありながら、道長の意を迎えて一条を説得する行成の姿。そしてその「王権の秘事」を日記に書き残している行成の動機と心理は、なかなかに複雑である。

現代のように様々な職業や職場があったわけではない彼らにとっては、中央官人社会における栄達だけが、子孫を存続させる唯一の方途であった。その意味では行成の出世志向や一条・定子に対する一種の「裏切り」を責めるわけにはいかない。行成は、後に一条が譲位する際に、もう一度、道長のために活躍することになる。

行成はそれに続けて、「此の間、奏する所、其の旨、多しと雖も、悉くを詳らかにすることは能はず。主上・大臣、具さに知し食す所なり」と記している。他にも日記に記すことのできない様々なやりとりがあったのであろう。

正月二十八日、いま一人の蔵人頭である正光が、正式に立后を決定した一条の勅を道長に伝えた。道長は再び安倍晴明を召し、彰子の内裏退出の日、立后宣命の日、内裏参入の日などの雑事を勘申させた（『御堂関白記』）。行成は早くも道長に「立后旧記」を奉っている。

なお、彰子立后の儀は二月二十五日に行なわれたが、行成は三月十四日に蔵人頭の辞表を提出している。蔵人頭の辞任というのは、参議任命を意味するもので、彰子立后について道長に恩を売った行成としては、ここで一気に公卿に上ろうと考えたのであろう。しかし、この辞表は翌日に却下された。一条としては、行成を側近から手放したくはなかったのであろう。

・二月三日　東宮射儀、道長と和歌の贈答

皇太子（居貞親王）の許に参った。弓を射る儀が行なわれた。弾正親王（為尊親王）・大宰帥親王（敦道親王）・左大臣（藤原道長）が控えられた。射場での競技が終わって、蹴鞠の遊びが行なわれた。儲君（居貞親王）はその庭に出られ、両親王（為尊親王・敦道親王）と大臣（道長）もまた、従った。私（藤原行成）・春宮権亮（藤原）陳政朝臣・左馬権頭（源）兼資朝臣・右近権中将（源）成信朝臣・春宮大進（源）頼光が、同じく参加した。遊戯はすでにたけなわであって、日は傾いた。左大臣が出た。時に殿の前の梅の樹の南の枝に、もう花が開いていた。殿下（居貞親王）がおっしゃって云ったことには、「花は新たに開いている。空しく通り過ぎてはならない」と。大臣（道長）はすぐに跪いて令旨を承り、花の下に進んで、ねじって一枝を折り、これを献上した。皇太子がおっしゃって云ったことには、「君（道長）が折ったので色あいも勝っている。この梅の花は」と。大臣がすぐに申しあげて云ったことには、「君（居貞親王）を思う心が有るからでしょう」と。大臣がまた、申しあげたことには、「この梅を栽えておいた昔の人の言葉にも、『君の為』と花に告げたのでしょう」と。この事は、これは即興のことであって、感動はこの上なかった。夕方に及んで、各々、帰った。

❖東宮に参る。御射の事有り。弾正親王・大宰帥親王・左大臣、候ぜらる。射場の事、訖りて、蹴鞠の戯有り。儲君、其の庭に御し、両親王・丞相、亦、之に従ふ。余・権亮陳政朝臣・左馬権頭兼資朝臣・右近権中将成信朝臣・大進頼光等、同じく以て供奉す。遊戯、已に闌にして、光景、斜と云ふ。左大臣、退出す。時に殿前の梅樹の南枝、先づ開く。殿下、令して曰はく、「花色、新たに開く。空しく過ぐべからず」と。大臣、即ち跪きて令を奉り、花の下に進み、攀げて一枝を得、之を献ず。令して曰はく、「君折れば匂ひ勝れり梅の花」と。大臣、登時、啓して曰はく、「思ふ心の有ればなるべし」と。大臣、又、啓さく、「栽ゑ置きし昔の人の詞にも君が為とや花に告げけん」と。事、是れ所忽にして、興味、余り有り。秉燭に及び、各、退出す。

参二東宮一、有二御射事一、弾正親王・大宰帥親王・左大臣被レ候、射場事訖、有二蹴鞠之戯一、儲君御二其庭一、両親王・丞相亦従レ之、余・権亮陳政朝臣・左馬権頭兼資朝臣・右近権中将成信朝臣・大進頼光等同以供奉、遊戯已闌、光景云レ斜、左大臣退出、于レ時殿前梅樹南枝先開、殿下令曰、花色新開、不レ可二空過一、大臣即跪奉レ令、進二於花下一、攀得二一枝一献レ之、令曰、君折礼波匂勝礼利梅花、大臣登時啓曰、思心乃有礼波鳴可、大臣又啓久、栽置之昔乃人乃詞尓毛君可為とや花尓告兼、事是所忽、興味有レ余、及二于秉燭一各退出、

✲東宮居貞親王は、為尊・敦道親王といった同母弟や、道長をはじめとする公卿を集めて、弓と蹴鞠の御遊を催した。『御堂関白記』には、「東宮において弓・蹴鞠の御遊が有った」としか記されていないが、『権記』には詳細な記事が残されている。

　そして、道長が退出しようとしていた時、居貞と道長との間に、梅の花に関わる即興の和歌の贈答をめぐるやりとりがあったことが記されている。

　後年の道長と三条天皇（居貞）との確執を思う時、この二人は、立場を越えた人間同士としては、まったく「うまの合う」関係であったのだと実感できる。後宮関係を巡るいざこざさえ存在しなければ、そして居貞生母で道長の同母姉妹である藤原超子

が（藤原詮子のように）生存していれば、実は一条天皇よりも居貞の方が、道長と「うまが合い」、良好な関係を構築できたのではないかとさえ思われてならない（倉本一宏『三条天皇』）。

・五月二十五日　道長、藤原伊周を本官・本位に復すことを奏上／行成、心中を奏上

左大臣（藤原道長）の許に参った。一条天皇に申しあげられる事が有った。この事は、はなはだ非常である。これは怨霊の言葉である。「前帥（藤原伊周）を元の官位に復されるように。そうすれば病気は全快するでしょう」ということだ。そのついでにまた、おっしゃって云ったことには、「このことを申す際に、秘かに人の様子を見定めるように」と〈この言葉は、本心からおっしゃったものである。〉。先ず院（藤原詮子）の許に参って、このこと

を申しあげさせた。次に内裏に参って、これを天皇に申しあげた。天皇がおっしゃって云ったことには、「昨日、（源）済政を遣わして申したところと同じ趣旨である。この事は非常であって、まったく言うに足りないものである。たとえ平生であったとしても、無理を申してきた場合には、承諾するわけにはいかない。ましてや今は、心身不覚の病中である。このように申してきても、どうして許容することが有ろうか。ただ、申してきた事については定めて、追って命じるということを伝えるように」ということだ。そこでまた、左大臣の許に参って、このことを伝えた。怨霊は初めから主人（藤原道長）に取り憑いていた。渋っている天皇の言葉を聞いて、目を怒らせ、口を張った。立腹は非常であった。藤原氏の長者として壮年に達し、すでに人位を極め、皇帝（一条天皇）・太子（居貞親王）の舅、皇后（藤原彰子）の父、国母（詮子）の弟である。その栄光を論じれば、天下に比べる者は無い。ところが今、病気に侵されて、前後不覚となっている。怨霊に侵され、平生ではないようなものである。死は人の常である。生きて何の益が有ろうか。事の道理を謂うならば、この世は無常である。愁うべし、愁うべし。悲しむべし、悲しむべし。内裏に帰り参った。お目通りできたので、天皇に心の中を述べた。また、世尊寺に帰った。

❖左府に詣づ。奏せらるる所の事有り。事、甚だ非常なり。是れ邪気の詞なり。「前帥を以て本官・本位に復さるべし。然らば病悩、愈ゆべし」といへり。此の次いでに亦、示されて云はく、「此の由を申す次いでに、竊かに人の気色を見るべし」と〈此の詞、本心を以て示さるる所なり。〉。先づ院に参り、此の由を啓せしむ。次いで内に参り、之を奏す。仰せて云はく、「昨、済政を以て申さしむる所と同じ趣きなり。事、已に非常にして、甚だ言ふに足らざるなり。縦ひ平生に在るとも、非理を申すに於いては、承引すべからず。況んや今、不覚の病中なり。此くのごとく申す所、何ぞ許容有らんや。只、申す所の事を以てせば、相定め、追ひて仰すべき由を仰すべし」といへり。仍りて亦、詣で、此の由を仰す。霊気、初めより主人に託す。難渋の勅語を聞き、目を怒らせ、口を張る。忿怒、非常なり。藤氏の長者にして壮年を奉り、已に人位を極め、皇帝・太子の親舅、皇后の親父、国母の弟なり。其の栄幸を論ずれば、天下に比ぶるもの無し。而るに今、霧露、相侵し、心神、若亡なり。邪霊、領得し、平生にあらざるに似る。死は士の常なり。生きて何の益有らんや。事の理を謂ふに、是の世は無常なり。愁ふべし、愁ふべし。悲しむべし、悲しむべし。大内に帰り参る。雍容有るに依りて、上に心事を陳ぶ。亦、寺に帰る。

詣二左府一、有二所レ被レ奏之事一、々甚非常也、是邪気詞也、以二前帥一可レ被レ復二本官・本位一、然者病悩可レ愈者、此次亦被レ示云、申二此由一之次、竊可レ見二人気色一〈此詞以二本心一所レ被レ示也、〉、先参レ院令レ啓二此由一、次参レ内、奏レ之、仰云、昨以二済政一所レ令レ申同趣也、事已非常、甚不レ足レ言也、縦在二平生一、於レ申二非理一不レ可二承引一、況今不覚病中、如レ此所レ申何有二許容一、只以二所レ申事一者相定、追可レ仰之由可レ仰者、仍亦詣仰二此由一、霊気自レ初託二主人一、聞二難渋之勅語一、怒レ目張レ口、忿怒非常也、藤氏長者奉二于壮年一、已極二人位一、皇帝・太子親舅、皇后親父、国母之弟、論二其栄幸一、天下無レ比、而今霧露相侵、心神若亡、邪霊領得、似レ不二平生一、死者士之常也、生而何益之有、謂二事之理一、是世無常也、可レ愁々レ々、可レ悲々レ々、帰二参大内一、依レ有二雍容一、上陳二心事一、亦帰レ寺、

＊またまた病を患った道長に、五月十九日に同母兄の故関白藤原道兼の霊が取り憑いた。二十四日と翌二十五日には、道長は何と、「長徳の変」で大宰権帥に左降した伊周を本官・本位に復すべしという「邪気の詞」を奏上させている。左・右・内の三大臣が存在するなか、伊周の内大臣復帰は、道長の引退を意味することになる。ただし、そのついでにまた道長は、「このことを申す際に、秘かに人々の様子を見定めるように」と命じている。行成は、こちらの方を「本心からおっしゃったものである」と記している。政治家としての道長は、やはり何枚も上手であった。当然、一条天皇はこの申し出を許さなかったが、続けて「申してきた事については定めて、追って命じる」と言っているのは、伊周の復帰という選択肢がまったく一条の脳裡に存在しなかったわけではなかったことを示している（倉本一宏『一条天皇』）。

それを聞いた道長は「目を怒らせ口を張る。忿怒、非常なり」という状態と化した。その様子を見た行成の慨嘆には、すでに無常観が現われているのである。

・七月二十六日　藤原寧親、闘乱事件の顛末を語る

今朝、（藤原）寧親朝臣が来て、云ったことには、「昨日、左大臣殿（藤原道長）の許に参って、御前に控えました。戌刻（午後七時－九時）の頃、出ました。ようやく私宅に到着した頃、門前を見たところ、数多くの下人が来て集まっていました。□□驚いて事情を問うたところ、従者一、二人が来て、申して云ったことには、『馬飼の武男と事務の行正が射殺されました』と云うことでした。すぐに家の中に入って、子細を尋ね問いましたところ、申して云ったことには、『この申刻（午後三時－五時）の頃、武男が西門の外の南の脇において妻を殴っていました。路行く者は、市を成してこれを見ました。門の内外に集まって来た下人は多数おりました。下男の一人が、「とんだ事で騒ぎになってしまった。門戸を閉めるように」と述べました。ところが一人の者がいて、「しばらく閉めてはならない」と云

って、無理に門扉に寄りかかりました。下男は、「しょうもないことを云う者だな」と云って、無理に門戸を閉めました。その時、寄りかかっていた者は、扉に当たって押し倒されました。すぐに起きて走り、刀を抜いて、武男と行正を突こうとしました。あれこれ押し問答したうえ、突くことはできずに去りました。そこに男二人がおりまして、あちこち奔走していました。放言して云ったことには、「殿（源　済政）の雑役が、武蔵前守（寧親）の宅の人に打ち殺された」と云うことでした。すぐに南方から、葦毛の馬に乗り、弓矢を帯びた者一騎が馳せて来ました。問うて云ったことには、「殿の雑役を打ち殺した者は誰だ」と。その時、刀を抜いた者が武男と行正を指さして云ったことには、「ここに立つ者二人が、それです」ということでした。武男と行正は、それに応じて急に捕えて縛られるのではないかと思ったので、驚いて逃げましたところ、歩兵一人が北から弓を携えて走り会いました。武男を射、次にまた、行正を射ました。この男たちは、射倒されました。往来の人々が騒ぎを見ていた頃、殿（寧親）の宅の北の小路に居住している下女が申して云ったことには、「この人を射た者二人は、この西の小宅に逃げ込みました」ということでした。そこで武男の弟一人が、その宅に到って、門を叩きました。ところが、人が応答することはありませんでした。そこでその男はただ、人二人を射殺した者がこの宅に入ったことを、近所の人が聞いたということを申して、去りました』ということでした。そこで私（寧親）は、右衛門督殿（藤原公任）の許に参って、状況を申しました。すぐに左衛門尉（安倍）信行を遣わして、調書を記録させました。武男丸は、その夜、死にました。行正は、昨日の戌刻の頃、死んでしまいました。信行は、調書を記録して帰った後、すぐに左大殿（道長）の許に参って、子細を申しました。ところが今、『阿波権守（済政）が事情を天皇に申しあげ、右衛門尉（藤原）陳泰を遣わして調書を記録させた』ということです。私にとっては、二人の従者を殺された愁いが有ります。嘆き思っているうえに、『阿波権守が、私の従者が楯を持ち、弓矢を帯びて、白昼、五位以上の宅の門を破り、乱行を行なったということを天皇に申しあげた』と云うことです。無実の事を天皇の耳に入れたというのは、愁いの上に畏れ多いことです。伝え聞いたところ、前後不覚となりました。事の真偽は、自ずから顕らかとなるでしょう。たしかに捜査を行なわれれば、是非は明らかとなるでしょう」ということだ。

❖今朝、寧親朝臣、来たりて云はく、「昨日、左大臣殿に参り、御前に候ず。戌時ばかり、罷り出づ。漸く私宅に罷り到る間、門前を見る処、数多の雑人、来たり集ふ。□□驚きて案内を問ふに、従者一両人、来たり、申して云はく、『馬飼武男・事業行正等、射臥せらる』と云々。即ち家中に罷り入り、子細を尋ね問ふに、申して云はく、『此の申剋ばかり、武男、西門の外の南掖に於いて妻を打つ。行路の者、市を成して之を見る。門の内外、来集の雑人、数有り。家奴一人、事に依りて狼藉す。門戸を掩ふべき由を陳ぶ。而るに一人有り、「暫く掩ふべからず」と云ひ、強ひて門扉に倚り立つ。家奴、「僻言を云ふ者にして」と云ひて、強ちに門戸を推し掩ふ。時に倚り立つ者、扉に当たり、推し倒さる。即ち起き走りて刀を抜き、武男・行正等を突かんと欲す。左右、相論じ、突くこと能はずして去る。此の間、男二人有り。南北に奔走し、呼言を放ちて云はく、「殿の雑色、武蔵前守の宅の人の為に打ち殺さる」と云々。登時、南方より葦毛の馬に乗り、弓箭を帯ぶる者一騎、馳せ来たる。問ひて云はく、「殿の人を打ち殺す者は誰そ」と。時に刀を抜く者、武男・行正等を指して云はく、「是に於いて立つ者二人、是なり」といへり。武男・行正等、音に応じて遽かに捕縛せらるべき由を思ひ、驚き逃ぐる間、歩兵一人、北より弓を控へ走り会ふ。武男を射、次いで亦、行正を射る。件の男等、射臥せらる。往還の人々、騒ぎを見る間、寧親の宅の北小路に居住せる下女、申して云はく、「件の人を射る者二人、此の西の小宅に罷り入る」といへり。仍りて武男の弟一人、件の宅に罷り向かひ、門を叩く。然りと雖も、人の相応ずる無し。仍りて件の男、只、人二人を射殺せる者、此の宅に入るを、随近の人、聞くべき由を申し、罷り去る』といへり。仍りて寧親、右衛門督殿に詣で、事の由を申す。即ち左衛門尉信行を遣はし、日記せしめ給ひ了んぬ。武男丸、其の夜、死去す。行正、昨の戌剋ばかり、死に了んぬ。信行、日記し罷り出づる後、即ち左大殿に参り、子細を申さしめ了んぬ。而るに今、『阿波権守、事の由を奏聞し、右衛門尉陳泰を遣はし日記せしむ』といへり。寧親に至りては、二人の従者を殺さるる愁へ有り。嘆き念ふ間、『阿波権守、寧親の従者、楯を持ち、弓箭を帯び、白昼、五位以上の宅の門を破り、濫行を成す由を奏聞す』と云々。無実の事を以て、天聴に達せらるる由、愁への上、恐れを為す。伝へ承る処、心神、失措す。事の真偽、自づから顕然たるべし。慥かに捜問せらるれば、理非は分明ならんか」といへり。

今朝寧親朝臣来云、昨日参二左大臣殿一、候二御前一、戌時許罷出、漸罷三到私宅二之間、見二門前一之処、数多雑人来集、□□驚問二案内一、従者一両人来申云、馬飼武男・事業行正等被二射臥一云々、即罷二入家中一、尋二問子細一、申云、此申剋許武男於二西門外南掖一打レ妻、行路者成レ市見レ之、門之内外来集雑人有レ数、家奴一人依レ事狼藉、陳下可レ掩二門戸一之由上、而有二一人一、云二暫不レ可レ掩、強倚二立門扉一、家奴云二僻言云者鉇天一、強推二掩門戸一、于レ時倚立之者当レ扉被二推倒一、即起走抜レ刀、欲レ突二武男・行正等一、左右相論、不レ能レ突而去、此間有二男二人一、南北奔走、放二呼言一云、殿雑色為二武蔵前守宅人一、被二打殺一云々、登時自二南方一乗二葦毛馬一、帯二弓箭一者一騎馳来、問云、打二殺殿人一之者誰曾、于レ時抜レ刀者指二武男・行正等一云、於レ是立者二人是也者、武男・行正等応レ音遽思下可レ被二捕縛一之由上、驚逃之間、歩兵一人自レ北控レ弓走会、射二武男一、次亦射二行正一、件男等被二射臥一、往還人々見レ騒之間、寧親宅北小路尓居住下女申云、件射レ人者二人、罷二入此西小宅一者、仍武男弟一人罷二向件宅一叩レ門、雖レ然無二人相応一、仍件男只申下射二殺人二人一之者入二於此宅一、随近之人可レ聞之由上、罷去者、仍寧親詣二右衛門督殿一申二事由一、即遣二左衛門尉信行一、令二日記一給了、武男丸其夜死去、行正昨戌剋許死了、信行日記罷出之後、即参二左大殿一、令レ申二子細一了、而今阿波権守奏二聞事由一、遣二右衛門尉陳泰一令二日記一者、至二于寧親一、有下被レ殺二二人従者一之愁上、嘆念之間、阿波権守奏下聞寧親従者持レ楯帯二弓箭一、白昼破二五位以上宅門一、成二濫行一之由上云々、以二無実之事一、被レ達二天聴一之由、愁上為レ恐、伝承之処、心神失措、事之真偽自可二顕然一、慥被二捜問一、理非分明歟者、

✽長保（ちょうほう）二年七月二十四日に起こった済政の郎等（ろうどう）と寧親の郎等との闘乱事件は、一条（いちじょう）天皇の犯罪観もうかがえ、興味深いものである。騎馬で通りかかった済政の郎等が、野次馬の放言を信用して、寧親の従者である武男と行正を射殺してしまったという事件である。

産穢（さんえ）に触れていた済政が翌二十五日に参内し、物忌（ものいみ）中の一条に虚偽の奏上を行なっ

た。寧親が済政の宅に押し入って濫行をはたらき、寧親の従者が誤って射た結果、寧親の郎等が傷を負ったというものである。

この二十六日に寧親が事件の顚末を行成に語り、真相が明らかになったのだが、二十八日に一条は、「およそ犯罪は殺害ほど重いものはない」という見解を示し、済政に犯人を差し出すよう命じている。

一条は八月二十三日に、備前国に逃亡した実行犯の出雲介藤原致興の追捕を命じる追捕宣旨を下させている。しかし、済政自身がこの件で咎められた形跡はなく、この後も阿波権守と蔵人の職を続けている。道長の嫡妻である源倫子の甥にあたり、道長の家司を勤めていたことにもよるのであろう。犯人の致興も、翌長保三年（一〇〇一）七月十七日に逮捕されたが、何と仁和寺の申請によって右京少進に任じられていたのである。

・八月二十日　藤原尊子、女御となる／藤原繁子、行成に女装束を贈る。
行成及び家人、これを拒否

この日、御匣殿別当（藤原尊子）を一条天皇の女御とするという事について、内裏清涼殿の朝餉間において命を承った。帰った頃、女御の母氏（藤原繁子）が暗戸屋曹司にいて、私（藤原行成）に禄を授けようとした。私はその様子を見て、直ぐに退いて議場に向かった。「この事を伝えていた頃、あの曹司から侍女を遣わして、苔雄丸を招かせようとした。苔雄丸は進み向かわなかった。侍女はただ、女房装束を持って空しく曹司に帰った。見た者は嘲笑の様子が有った」と云うことだ。右大臣（藤原顕光）の許に参った頃〈時に夜に入っていた。〉、私の宅から書状を送って云ったことには、「予想外の下人が来ました。女房装束を包んで、侍所に置きました。侍所の人は取らずに、これを咎めました。下人は更に東面の欄干に置きました。理由も無いので、取り入れませんでした。使の下人は、すぐに逃げ去りました。この事は、はなはだ奇妙です」と云うことだ。推量するに、女御の曹司の人が行なったものである。そこで事情を（藤原）説孝の弁に伝えて、女房装束を遣わし取らせ、その車に入れさせた。この尚書（説孝）は、あの女御と交流のある家の者である。そこで、この贈物は理由が無いということを告げさせて、返却させたのである。私の家女（行成室）は、この物を取り入れず、書状を馳せ送った。世の人はこれを賞賛した。後に聞いたところでは、「女御の母氏は、この事によって恨む様子が有った。院（藤原詮子）や左大臣（藤原道長）に訴えた」と云うことだ。はなはだ愚かなことである。

❖此の日、御匣殿別当を女御と為すべき事、朝餉に於いて勅命を奉る。退出する間、女御の母氏、暗戸屋曹司に在りて、予に纏頭せんと欲す。予、其の気色を見、直ちに退きて陣に向かふ。「此の事を仰する間、彼の曹司より従女を差し、苔雄丸を招かしむ。苔雄丸、進み向かはず。従女、只、女装を持ちて空しく曹司に帰る。見る者、嘲色有り」と云々。右府に参る間〈時に夜に入る。〉、宅より書を送りて云はく、「慮外に下人有り。女装束を裹み、侍所に置く。侍所の人、取らず、之を咎む。下人、更に東面の高欄干に指し置く。由緒無きに依り、取り入れず。使の下人、早く遁れ去る。此の事、甚だ奇し」と云々。推し量るに、女御の曹司の人の作す所なり。仍りて案内を説孝の弁に示して遣はし取り、其の車に入れしむ。件の尚書、彼の女御と通ふ家なり。仍りて此の送物、由緒無き旨を告げしめ、返却せしむるなり。家女、件の物を取り入れず、消息を馳せ送る。時の人、之を称す。後に聞く、「女御の母氏、此の事に依りて怨気有り。院幷びに左府に愁へ申す」と云々。甚だ烏滸なり。

此日御匣殿別当可レ為二女御一之事、於二朝餉一奉二勅命一、退出之間、女御母氏在二暗戸屋曹司一、欲レ纏二頭於予一、々見二其気色一、直退向レ陣、仰二此事一之間、自二彼曹司一差二従女一、令レ招二苔雄丸一、々々不二進向一、従女只持二女装一空帰二曹司一、見者有二嘲色一云々、参二右府一之間〈于レ時入レ夜、〉、自レ宅送レ書云、慮外有二下人一、裹二女装束一置二侍所一、々々人不レ取、咎レ之、下人更指二置東面高欄干一、依レ無二由緒一不二取入一、使下人早遁去、此事甚奇云々、推量女御曹司人所レ作也、仍遣三取示二案内於説孝弁一、令レ入二其車一、件尚書与二彼女御一通家也、仍令レ告下此送物無二由緒一之旨上、令二返却一也、家女不レ取三入件物一、馳二送消息一、時人称レ之、後聞、女御母氏依二此事一有二怨気一、愁三申院幷左府二云々、甚烏滸也、

✻この頃、一条天皇の後宮に、わずかな変化が現われた。故関白藤原道兼と藤原繁子(藤原師輔の女で、藤三位という女官。当時は中納言平惟仲の妻)との間に生まれていた御匣殿別当の藤原尊子が一条の女御となった。その際、繁子は蔵人頭として勅命を承った行成に謝礼として女装束を贈ろうとしていたので、行成はそれを避けて尊子や繁子のいる曹司に赴かなかった。そこで繁子は従女を行成の許に遣わしたが、実直な行成や従者の苔雄丸は、もちろん受け取るはずはない。

夜になると、行成の妻から書状が送られてきた。「下人が来て、女装束を侍所に置きました。侍所の人は取らずに、咎めました。下人は更に東面の高欄干に置きました。理由も無いので、取り入れませんでした。使の下人は、すぐに遁れ去りました」というものである。繁子はこれによって怨気を発し、東三条院詮子や道長に訴えたという。さすがは行成、妻女や従者・侍たちも出来が違うのである。

・九月十日　白川寺に藤原成房を見舞う／帰途、盗賊に襲われる

内裏に参った。権中将（源成信）と共に白川寺に参った。入道中納言（藤原義懐）にお目にかかり、また少将（藤原成房）の病気を見舞った。夜に帰京した際、陽明門大路（近衛大路）の末の河原〈荘厳寺の東、一町ほどの所。〉に盗賊がいて、急に矢を放ってきた。その時、左衛門少尉安倍信行と左兵衛尉藤原文方が、車の後ろに付き従っていた。追って盗賊を防ぎ、その為、私（藤原行成）は傷を被ることはなく、たまたま難を免れることができた〈雑役為弘と小舎人童苔雄丸は、賊の矢に当たって傷を被った。〉。中将と共に内裏に参って、事情を一条天皇に申しあげた。天皇は両人（信行・文方）に禄を下賜され、また別に、この盗人をよく捜索するようおっしゃった。この夜、内裏に宿直した。

❖内に参る。権中将と共に白川寺に詣づ。入道中納言に謁し奉り、并びに少将の悩む所を訪ふ。衡黒、帰洛する間、陽明門路の末の河原〈荘厳寺の東、一町ばかり。〉に、俄かに偸児有りて矢を放つ。時に左衛門少尉安倍信行・左兵衛尉藤原文方等、車後に相従ふ。追ひて偸児を防ぐ。因りて疵を被らず、適ま難を免るるを得〈雑役為弘・小舎人童苔男丸等、賊の矢に中りて疵を被る。〉。中将と共に内に参り、事の由を奏す。両人に勅禄を賜ふ。亦、別に件の盗人を能く捕へ尋ぬべき由を仰せらる。此の夜、宿す。

参レ内、与二権中将一共詣二白川寺一、奉レ謁二入道中納言一、并訪二少将所レ悩、衝黒帰洛之間、陽明門路末河原〈荘厳寺東一町許、〉俄有二偸児一放レ矢、于レ時左衛門少尉安倍信行・左兵衛尉藤原文方等相二従車後一、追二防偸児一、因不レ被レ疵、適得レ免レ難〈雑色為弘・小舎人童苔男丸等、中二賊矢一被レ疵、〉、与二中将一共参レ内、奏二事由一、両人賜二勅禄一、亦別被レ仰下件盗人能可二捕尋一之由上、此夜宿、

✲行成にも強盗が襲いかかってきた。白川寺で病気療養中の成房（行成の従兄弟）を見舞った帰途、近衛大路の末の鴨川の河原に盗賊がいて、急に矢を放ってきたのである。車の後ろに供奉していた検非違使二人が防戦してくれたので、行成は難を免れたものの、雑色為弘と小舎人童苔雄丸は、賊の矢に当たって傷を負っている。

日本の歴史の中ではきわめて平和な時代であった平安時代にも、このような盗賊は存在し、しばしば事件を起こしていたのである。

・十二月十六日　藤原定子、皇女媄子出産の後、崩御／東三条院、病悩／前典侍、道長に襲いかかる

急いで内裏に参ろうとしていた時、下人が云ったことには、「皇后宮（藤原定子）の御産は□、すでに危篤です」と云うことだ。聞いて驚いていた頃、前駿河守（藤原）済家朝臣が来た。状況を問うたところ、異常であるということを答えた。そこで促して参らせた。しばらくして帰って来て、云ったことには、「それは事実です」と。□すぐに急いで内裏に参ろうとしていた際、左大臣（藤原道長）の護衛の伴益忠と、□□門樫町の辺りで出会った。益忠が伝えて云ったことには、「ただ今、参るように」と。す

ぐに左大臣の許に参った。おっしゃって云ったことには、「大宰府が貢進してきた絹百疋を院（藤原詮子）に献上するように〈子細は目録に見える。〉。また、山座主（覚慶）の許に、今夜から院の終夜の祈禱を奉仕せよということを仰せ遣わすように」と。また、皇后宮の状況について申した。世間の作法は、□□乱れているようなものである。大僧正（観修）にお目にかかった。護身法を受けた。心身は、はなはだ頼りになった。院に参ろうとしていた際、蔵人（藤原）実房が云ったことには、「勅使が大僧正を呼んで、皇后宮の許に参り、病気を加持するよう命じました」ということだ。今朝、聞いたことと違っている。奇妙に思った。□□（源）国挙朝臣が云ったことには、「院の使として皇后宮の宮に参りました。それは寅の終刻（午前四時半－五時）の頃でしたが、すでに死去されているということを、宮司たちは申しておりました」ということだ。実房の説は、いい加減なようである。内裏に参った〈蔵人（源）永光が車の後ろに乗った。〉。御前に参った。一条天皇がおっしゃって云ったことには、「皇后宮がすでに死去したことは、はなはだ悲しい。左大臣に、参るよう、今すぐ命じるように」ということだ。すぐに永光を指名して使者とした。この頃、（源）済政が参った。天皇に申しあげさせて云ったことには、「院の病気は、はなはだ危険です。然るべき効験の有る僧を呼んで、加持を奉仕させるよう、左大臣が申しました」ということだ。この朝臣がまた、大臣（道長）の命を私（藤原行成）に伝えて云ったことには、「院の病気は、極めて重くいらっしゃるうえに、また非常の事件が起こった。はなはだ怖れなければならない。今すぐ院の許に参るように」ということだ。女房たちが云ったことには、「前典侍（藤原繁子）が、怨霊の為に取り憑かれました。大臣につかみかかり、その様子は、立腹して言い様もありません」と云うことだ。「大臣は、出てこれについて伝えている間、前後不覚となっていた。はなはだ怖れている様子が有った」と云うことだ。済政に命じて、大僧都勝算を呼び遣わした。朝経を使として、院の許に遣わされた。しばらくして、大臣が参られた。「院の病気は、大した事は無かった」ということだ。大臣が内裏清涼殿の殿上間においておっしゃったことには、「祭祀を奉仕させるように。また、来たる二十三日の密教の修法は、その期日がはなはだ遠い。近日に行なうよう、日時を占わせるように。また、藤典侍（繁子）が霊気に□□された様子は、はなはだ異常であった。私（道長）は院が重くいらっしゃるので、近く枕元に控えていたところ、足下の女房たちの驚く声がした。振り返って藤典侍を見ると、□□を捧げて、手は取り懸かる為に、襲って来たところであった。その様子は下げ髪であって、更に逆に大いに□を張り、□放つ声は大きく、皆の耳を驚かせた。私は、たまたま仏宝の加護を得て、□に付いてその霊の左右の手を捕えることができた。引き据えた後、何刻も経た。その□□は、その初めに云ったところでは、関白（藤原道隆）の霊のようであった。また、二条丞相（藤原道兼）の言葉にも似ていた」と云うことだ。すぐに（安倍）晴明を呼んで、修法の日について命じた。申して云ったことには、「もし調伏法も修するのでしたら、明後日、何事が有りましょうか」と。また、御祭の日時を占わせた。決定を天皇に申しあげた。修法、合わせて五つを、（橘）則隆□行事の蔵人や陰陽師に命じた。左大臣の宿所に参った。様々な事を申し承った。小児が病気となっているということを、宅から告げて来た。そこで帰った。大した事は無かった。母氏（行成室）もまた、病気の様子が有った。教静阿闍梨を招いて祈願させた。……

皇后諱〈定子。〉は、前関白正二位藤原朝臣（道隆）の長女、母は高階氏（貴子）。正暦元年春に入内し、女御となった。冬に皇后となった。年は十四歳。長徳二年に事件が有って出家した。その後、還俗した。産んだ皇子女は、合わせて三人。敦康・脩子、また新たに生まれた女皇子（媄子）である。后に立って十一年にして死去された。年は二十四歳。

❖営々、内に参らんと欲する間、下人、云はく、「皇后宮の御産□、已に非常なり」と云々。聞き驚く程に、前駿河守済家朝臣、来たる。案内を問ふに、不次の由を答ふ。仍りて催し参らしむ。頃くして帰り来たりて云はく、「事、已に実なり」と。□即ち忩ぎて内に参る間、左府の御随身伴益忠と、□□門檉町 辺りに来たり逢ふ。示して云はく、「只今、参るべし」と。即ち参入す。命せて云はく、「大宰の進る所の絹百疋を院に奉るべし〈子細、目録に見ゆ。〉」。又、山座主の許に、今夜より夜居に候ずべき由を遣はし仰すべし」と。又、皇后宮の御事を申す。世間の作法、□□乱るるがごとし。大僧正に謁し奉り、護身を受く。心神、甚だ頼る。院に参る間、蔵人実房、称す、「勅使、大僧正を召し、皇后宮に参り、御悩を加持し奉るべきを仰す」といへり。今朝、聞く所の旨と相違ふ。奇と為す。□□国挙朝臣、云はく、「院の御使と為て彼の宮に参入す。此れ寅の終はりばかり、已に崩じ了り給ふ由、宮司等、申す所有り」といへり。実房の説、荒涼に似る。内に参る〈蔵人永光、車後に載る。〉。御前に参る。仰せて云はく、「皇后宮、已に頓逝すること、甚だ悲し。左大臣、参るべき由、只今、仰せ遣はすべし」といへり。即ち永光を差して使と為す。此の間、済政、参入す。奏せしめて云はく、「院の御悩、甚だ危急なり。然るべき験有る僧を召し奉らしめ給ふべき由、左大臣、申さしむ」といへり。此の朝臣、又、丞相の命を以て予に示して云はく、

「院の御悩、極めて重く坐す内、又、非常の事有り。甚だ怖畏すべし。只今、院に参るべし」といへり。女房等、云はく、「前典侍、邪霊の為に狂はる。大臣と拏攫し、其の意気、忿怒して謂ふべからず」と云々。「丞相、出でて此の事を示す間、心神、主無きなり。甚だ怖畏し給ふ気有り」と云々。□済政を差し、大僧都勝算を遣はし召す。朝経を以て御使と為し、院に奉らる。暫くして丞相、参らる。「院の御悩、殊なる事無し」といへり。大臣、殿上に於いて仰せらる、「御祭等を奉仕せしむべし。又、来たる二十三日の御修法、其の期、甚だ遠し。近日を以て勘申せしむべし。又、藤典侍、霊気に□□らるる体、甚だ非常なり。某、院、重く御坐すに依りて、床席に近く候ずる□、御足下の女房等、驚く音有り。顧みて藤典侍を見るに、□□を捧げて、手、取り懸からんが為、圧へ来たる所なり。其の体、垂髪にして、更に逆に大いに□を張り、□放つ所の音、多く人の耳を驚かす。某、適ま三宝の加護を得、□付きて彼の霊の左右の手を捕へ得。曳き居うる後、時剋を経。其の□□、其の初めに云ふ所、関白の霊のごとし。又、二条丞相の詞に似る」と云々。即ち晴明を召し、御修法の日の事を仰す。申して云はく、「若し調伏法在らば、明後日、何事か有らんや」と。又、御祭の日時を勘申せしむ。一定を奏聞す。御祭、惣て五、則隆□行事の蔵人幷びに陰陽師等に仰す。御宿所に参る。雑事を申し承る。小児、悩む所の由、宅より告げ来たる。仍りて罷り出づ。殊なる事無し。母氏、又、悩気有り。教静闍梨を招き、祈願せしむ。……

皇后 諱〈定子。〉、前関白正二位藤原朝臣の長女、母、高階氏。正暦元年春、入内し、女御と為る。冬、立ちて皇后と為る。年十四。長徳二年、事有りて出家す。其の後、還俗す。所生の皇子、都盧三个。敦康・脩子、又、新生の女皇子なり。立ちて十一年、崩ず。年二十四。

営々欲レ参レ内間、下人云、皇后宮御産□已非常也云々、聞驚之程、前駿河守済家朝臣来、問二案内一、答二不次由一、仍令二催参一、頃之帰来云、事已実也、□即忩参レ内之間、左府御随身伴益忠来二逢□□門樫町辺一、示云、只今可レ参、即参入、命云、大宰所レ進絹百疋可レ奉レ院〈子細見二目録一〉、又可レ遣下仰山座主許自二今夜一可レ候二夜居一之由上、又申二皇后宮御事一、世間作法□□如レ乱、奉レ謁二大僧正一、受二護身一、心神甚頼、参レ院之間、蔵人実房称、勅使召二大僧正一、仰レ可下参二皇后宮一奉上レ加二持御悩一者、與二今朝所レ聞之旨一相違、為レ奇、□□国挙朝臣云、為二院御使一参二入彼宮一、此寅終許已崩了給之由、宮司等有レ所レ申者、実房之説似二荒涼一、参レ内〈蔵人永光載二車後一〉、参二御前一、仰云、皇后宮已頓逝甚悲、左大臣可レ参之由只今可二仰遣一者、即差二永光一為レ使、此間済政参入、令レ奏云、院御悩甚危急也、可レ然有レ験僧可下令二召奉一給上之由、左大臣令レ申者、此朝臣又以二丞相命一示レ予云、院御悩極重坐之内、又有二非常事一、甚可二怖畏一、只今可レ参レ院者、女房等云、前典侍為二邪霊一被レ狂、與二大臣一拏攫、其意気忿怒不レ可レ謂云々、丞相出二示此事一之間、心神無レ主、有二甚怖畏給之気一云々、□差二済政一遣二召大僧都勝算一、以二朝経一為二御使一被レ奉レ院、暫之丞相被レ参、院御悩無二殊事一者、大臣於二殿上一被レ仰、御祭等可レ令二奉仕一、又来廿三日御修法、其期甚遠、以二近日一可レ令二勘申一、又藤典侍被二霊気□□一之体甚非常也、ム依二院重御坐一近二候床席一之□御足下之女房等有二驚音一、顧見二藤典侍一捧二□□一手為二取懸一所二圧来一也、其体垂髪更逆大張レ□□所レ放之音多驚二人耳一、ム適得二三宝之加護一□付捕二得彼霊左右之手一、曳居之後、経二時剋一、其□□其初所レ云如二関白霊一、又似二一条丞相之詞一云々、即召二晴明一仰二御修法日事一、申云、若在二調伏法一明後日何事有哉、又令レ勘二申御祭日時一、奏二聞一定一、御祭惣五仰二則隆□行事蔵人幷陰陽師等一、参二御宿所一、申二承雑事一、小児所レ悩之由自レ宅告来、仍罷出、無二殊事一、母氏又有二悩気一、招二教静闍梨一令二祈願一、

……

皇后諱〈定子、〉前関白正二位藤原朝臣長女、母高階氏、正暦元年春入内、為㆓女御㆒、冬立為㆓皇后㆒、年十四、長徳二年有㆑事出家、其後還俗、所生皇子都盧三个、敦康・脩子、又新生女皇子也、立十一年崩、年廿四、

✻皇后定子の出産が近づいてきた。十二月十五日の午前、二筋の雲が月を夾んだ。それは「歩障雲」とか「不祥雲」と云うという噂が都を駆けめぐった。葬列を表わすもので、一条天皇が死去した後の寛弘八年（一〇一一）七月九日にも出現している。その日、定子は皇女媄子を出産したものの後産が下りず、翌十六日の早朝に死去してしまう。悲しみを隠そうとはしなかった一条は、参内した行成に道長の参内を命じたのであるが、道長は病悩しているという詮子の許に参上してしまった。その時、詮子の床席に候じていた道長に、藤典侍（藤原繁子。先に登場した藤原尊子の母）という女官が邪霊のために憑依状態となり、襲いかかるという事件が起こった。その叫ぶ声は、兄の道隆、あるいは道兼に似ていたという。

定子の葬礼は十七日に行なうこととなったが、上卿を勤めるべき諸卿は、藤原顕光をはじめとしてこれを忌避し、また崩奏や定子の遺令を奏上させようとしても、皇后宮職の官人や外戚の高階氏の者、定子と親しかった者は、誰も二条第にはおらず、崩

奏も遺令の奏上も行なうことができなかった。

やっと参内してきた道長も、五師大衆の推挙状を偽作して西大寺別当任命を申請した僧の赦免についての法家の勘文（勘申の結果を記した文書）を一条に奏上し、勅裁を求めるという次第で、朝廷を挙げて定子の葬礼には不熱心だったのである。

十二月二十日、行成は一条の御前に候じたが、一条は「天皇がおっしゃった事は、甚だ多かった。心中、忍び難い（我慢できない）ものであった」という状態だったとある。一条の忍び難い心中とは、道長をはじめとする人々の定子に対する対応であろう（倉本一宏『一条天皇』）。ちなみに道長は、かつて定子が中宮に立った時の中宮大夫だったのであるが。

◆長保三年（一〇〇一）　浄土への思い

藤原行成三十歳（正四位下→従三位、蔵人頭→参議・右大弁・大和権守）
一条天皇二十二歳　内覧兼左大臣藤原道長三十六歳　東三条院藤原詮子四十歳
中宮藤原彰子十四歳　敦康親王三歳

・二月四日　行成、蔵人頭辞職を上表／辞表返却の際、書写を命じられる／源成信・藤原重家、出家

早朝、左大臣（藤原道長）の宿所に参った。官職の功労などによって申請した蔵人頭の辞表について要請した。申して云ったことには、「一条天皇にお目通りされる際に、申しあげてください」と〈事の趣旨が多く、記さない。〉。しばらくして、左大臣が内裏清涼殿の殿上間に呼んだ。辞表を返して云ったことには、「申請したところは、切なるものがあるとはいっても、

黙って職を停めるわけにはいかない。まだ勤めなさい。ただし、下書きを写して献上するように」ということだ〈この申文は、自ら作成したのである。〉。或る者が云ったことには、「権中将（源成信）と先少将（藤原重家）は、一緒に、夜、外出し、今になっても帰ってきません。出家の疑いが有ります」と云うことだ。尾張守〈（大江）匡衡。〉が参って、云ったことには、「出家云々については、すでに事実でした」ということだ。左大臣の許に参った。左大臣は今朝、帰られて、ただ今、三井寺（園城寺）に向かわれようとしていた。「中将は、この寺において出家した」と云うことだ。すぐに私（藤原行成）も車の後ろに控えた。夜に入って、帰京した。右大臣（藤原顕光）もまた、同じく向かわれた。少将（重家）も共に出家したからである。……

従四位上行右近衛権中将兼備中守源朝臣成信は、入道兵部卿致平親王の第二子である。母は入道左大臣源雅信の女である。現在の左大臣（道長）の養子である〈その外家の縁によって愛された。〉。学問は乏しいとはいっても、人格は誉めるべきである。去年、大臣（道長）が、何箇月も病気となっていた。亜将（成信）が朝に夕に薬を嘗めて看病したことは間隙が無かった。その病気は減じること無く、夏が過ぎて秋が来た。近侍していた従者は、看病を緩怠し粗略になった。亜将は人心の改変を見るたびに心を励まして、怠ることはなかった。やっと八月中に及んで、大臣の病は全快した。その後、まだ日は経っていないのに、早く出家した。在俗の旧友たちが到って訪れた時、語り合って云ったことには、「栄華が余り有り、家柄がこの上無い人（道長）でも、病を受け、危機に臨む時には、まったく何の益にもならない。ほとんど息子としての分別を失うところであった」と。大臣が病気に臥した日に、薬を嘗めた始めが、出家発心の始まりである。今、前々からの願望を遂げた。諸仏の加護である。時に年二十三歳である。

従四位下行左近衛　少将　兼美作守　藤原朝臣重家は、右大臣のただ一人の子である。母は天暦（村上天皇）の第五内親王（盛子内親王）である。長年、望みが有るとはいっても、出家することはできなかった。去月の月末、成信朝臣と約束をすでに定め、先夜、同道して三井寺に到り、遂に出家した。いわゆる善き親友知識の誘引の者に遇ったということか。時に年二十五歳である。

❖早朝、左府の御宿所に詣づ。官職の労ばかりに依りて請ふ所の状文を請ひ奉る。申して云はく、「松容の次いでに奏聞せしむべし」と〈事の旨、多く、注さず。〉。暫くして左相、殿上に召す。中文を返給して曰はく、「申す所、切なりと雖も、黙して職を停むべきに非ず。猶ほ勤仕すべし。但し案文を写し奉るべし」といへり〈件の中文、自ら作るなり。〉。或いは云はく、「権中将・先少将、相共に夜行し、今に未だ帰り参らず。出家の疑ひ有り」と云々。尾張守〈匡衡。〉、参りて云はく、「出家云々の事、已に実なり」といへり。左府に詣づ。左府、今朝、退出し給ひ、只今、三井寺に向かひ給ふ。「中将、此の寺に於いて入道す」と云々。即ち御車後に候ず。夜に入りて帰京す。右府、又、同じく向かひ給ふ。少将、共に入道せる故なり。……
従四位上　行右近衛権中将　兼備中守　源　朝臣成信、入道兵部卿致平親王の第二子。母、入道左大臣　源　雅信の女なり。当時の左丞相の猶子なり〈彼の外家の縁に依り、愛顧せらる。〉。才学、乏しと雖も、情操、取るべし。去ぬる年、丞相、累月、恙有り。亜将、朝に夕に薬を嘗むること遑無し。其の病痾、損無きに及び、夏過ぎて秋来たる。近侍の童僕、緩怠し粗略なり。亜将、人心の変改を見る毎に、情を励まし懈ること匪ず。僅かに八月中に及び、丞相の病、平癒す。其の後、未だ幾程を経ず、早く以て遁世す。在俗の旧朋等、到り訪ぬる時、相語りて云はく、「栄華、余り有り、門胤、止むこと無き人、病を受け、危きに臨む時、曾て一分の益無し。殆と二世の計を失はんと欲す」と。丞相、疾に臥す日、薬を嘗むる初め、弟子発心の初めなり。今、宿念を遂ぐ。諸仏の冥護なり。時に年二十三。
従四位下行左近衛少将　兼美作守　藤原朝臣重家、右大臣の唯一の子なり。母、天暦の第五内親王なり。年来、本意有りと雖も、入道すること能はず。去ぬる月の晦、成信朝臣と要束、已に定め、一夜、同道して三井寺に到り、遂に以て剃髪す。謂ふ所の善き親友知識の誘引の者に遇ふか。時に年二十五。

早朝詣二左府御宿所一、奉下請レ依二官職労許一所請中状文上、申云、松容之次可レ令二奏聞一〈事旨多、不レ注、〉、暫左相召二於殿上一、返二給申文一曰、所レ申雖レ切黙非レ可レ停レ職、猶可二勤仕一、但案文可レ奉レ写者〈件申文自作也、〉、

或云、権中将・先少将相共夜行、于レ今未二帰参一、有二出家之疑一云々、尾張守〈匡衡、〉参云、出家云々事已実也者、詣二左府一、々々今朝退出給、只今向二三井寺一給、中将於二此寺一入道云々、即候二御車後一、入レ夜帰京、右府又同向給、少将共入道故也、……

従四位上行右近衛権中将兼備中守源朝臣成信、入道兵部卿致平親王第二子、母入道左大臣源雅信之女也、当時左丞相猶子也〈依二彼外家之縁一愛顧、〉、才学雖レ乏、情操可レ取、去年丞相累月有レ恙、亜将于レ朝于レ夕嘗レ薬無レ違、及二其病痾無レ損、夏過秋来、近侍童僕緩怠粗略、亜将毎レ見二人心之変改一、励レ情匪レ懈、僅及二八月中一、丞相之病平癒、其後未レ経二幾程一、早以遁世、在俗旧朋等到訪之時相語云、栄華有レ余、門胤無レ止之人、受レ病臨レ危之時、曾無二一分之益一、殆欲レ失二二世之計一、丞相臥レ疾日、嘗レ薬之初弟子発心之初、今遂二宿念一、諸仏冥護也、于レ時年廿三、

従四位下行左近衛少将兼美作守藤原朝臣重家、右大臣唯一子也、母天暦第五内親王也、年来雖レ有二本意一不レ能二入道一、去月晦與二成信朝臣一要束已定、一夜同道到二三井寺一、遂以

剃髪、所レ謂遇二善親友知識之誘引者一歟、時年廿五、

✲行成は、またもや蔵人頭の辞表を提出して、参議任命を望んだ。しかし、一条天皇に奏上した後の道長の返答は、やはり職に留まるようにとのことであった。一条だけの意向なのか、それとも道長の意見が入っているのかは、定かではない。なお、道長は、その辞表の草案を書写して献上せよと行成に命じている。こうなるともう、能書であることもありがたくは思えなかったであろう。

続いてもたらされた情報は、友人である成信と、右大臣顕光の息男である重家が、ともに三井寺に赴いて出家したというものであった。

成信は、村上天皇皇子の致平親王と源倫子の妹の子で、道長室の甥にあたり、道長の猶子（相続を伴わない親子縁組）になっている人物である。当時、まだ二十三歳の若さであった。行成と成信とは、元々強い信頼関係と友情で結ばれており、前日の三日に、行成は成信が出家を告げる書状を送ってきたという夢を見ている。

成信は、道長が病悩した際に看病していたが、近侍の童僕が看病を緩怠し粗略になるという人心の変改を見て無常を感じ、発心したのである。

一方の重家は、顕光の一男で、顕光には他に早くから出家させていた内供平命しか、

男子はいなかった。重家は、有能にして容貌（ようぼう）秀麗、「本朝の美人」「光少将」と呼ばれていた。その出家によって、顕光家は後継者を失なったのである。

いずれにせよ、これは名門貴族の若年での出家のはしりであった。それにしても、永年、親友と思っていた成信が、自分ではなく重家と一緒に出家したことに対して、行成が複雑な感情を抱いたであろうことも、十分に推測されるところである。

三井寺（園城寺）本堂

世尊寺模型（京都市歴史資料館蔵・京都市平安京創生館展示）

・二月二十九日　世尊寺供養

今日、世尊寺を供養した。寝殿を堂とした。金色の大日如来・普賢菩薩・十一面観世音菩薩、彩色の不動尊・降三世明王の像各一体〈等身。〉を安置した。東対の西廂を公卿の座とし、南廂を殿上人の座とし、東廊を太政官の上官と諸大夫の座とした。公卿の饗宴は修理大夫（平親信）、殿上人の膳は前但馬守（平）生昌朝臣、諸大夫の膳は穀倉院が担当した。南庭に五丈の幄を立てて、諷誦の物を置いた。……

左大臣（藤原道長）の宿所に参った。昨日は世尊寺にいらっしゃり、また今日は、恩を賜わった恐縮を申した。帰宅した。

❖今日、世尊寺を供養す。寝殿を以て堂と為す。金色の大日如来・普賢菩薩・十一面観世音菩薩、彩色の不動尊・降三世明王等の像各一体〈等身。〉を安置す。東対の西廂を上達部の座と為し、南廂を殿上人の座と為し、東廊を上官・諸大夫の座と為す。上達部の饗、修理大夫。殿上人の前、前但馬守生昌朝臣。諸大夫、穀倉院。南庭に五丈の幄を立て、諷誦の物を安んず。……

左府の御宿所に参る。昨、寺に御坐し、亦、今日、恩を給ふ悚れを申す。宅に帰る。

今日供二養世尊寺一、以二寝殿一為レ堂、安二置金色大日如来・普賢菩薩・十一面観世音菩薩、彩色不動尊・降三世明王等像各一体〈等身、〉一、東対西庇為二上達部座一、南庇為二殿上人座一、東廊為二上官・諸大夫座一、上達部饗修理大夫、殿上人前前但馬守生昌朝臣、諸大夫穀倉院、南庭立二五丈幄一、安二諷誦物一、……

参二左府御宿所一、申下昨御二坐於寺一、亦今日恩給之悚上、帰レ宅、

✲行成は、祖父の藤原伊尹から源保光を通して伝領した桃園第を寺として、世尊寺と称していた。そしてこの日、元の寝殿を本堂として、仏師康尚が造顕した仏像を安置し、供養を行なった。

天台座主覚慶以下、十僧・百僧を招請し、十人の公卿以下、多数の殿上人が参会

して、この東西二町の寺域を占した寺院は完成した。

前日には道長も訪れて供養をねぎらい、諷誦料として手作布百端を送っている。

行成は世尊寺供養の後、道長の許を訪れ、礼を申している。

・八月三日　敦康親王、中宮御在所に移御／行成の献言

今日の巳刻（午前九時－十一時）、一皇子（敦康親王）が、初めて中宮（藤原彰子）の宿所に移られた。これより前、私（藤原行成）は一条天皇にお目通りする折を伺って、漢の明帝が馬皇后に粛宗を愛育させたという故事を上奏した。天皇は、納得された様子であった。今日になって、この事を実現したのである。

❖今日、巳剋、一御子、始めて中宮の上御廬に渡り給ふ。是より先、余、松容を

伺ひ、漢の明帝、馬皇后をして粛宗を愛養せしむる故事を上奏す。上、然る御気色あり。今日に至りて此の事を遂ぐ。

今日巳剋一御子始渡二給中宮上御廬一、先レ是余伺二松容一、上下奏漢明帝令三馬皇后愛三養粛宗一之故事上、上然御気色、至三于今日一遂二此事一、

✲二月二十八日に敦康親王家の家司が定められ、行成は別当に任命された。この頃から行成は、一条天皇に拝謁するごとに、後漢の第二代明帝（顕宗）が明徳皇后（馬徳）に粛宗（後の第三代章帝）を愛養させた故事を上奏し、中宮彰子に敦康を養育させることを提言していた。

　この八月三日に到り、敦康は彰子の上御廬に移御し、十一日に敦康の魚味始（小児にはじめて魚肉を与える儀式）の儀が行なわれた。そして十一月十三日に、彰子の御在所である飛香舎において、一条臨幸のもと敦康の著袴の儀（はじめて袴を着ける儀式）を行なった。こうして敦康は、彰子の後見を受けることになった。

　藤原道長の方も、彰子に皇子懐妊が期待できなかったこの時期においては、敦康の後見に努めていた。藤原定子の産んだ敦康を養育させられることになった彰子の心情

は、知る由もないが。

・九月三日　藤原誠信、盟言して死去

「左衛門督（藤原誠信）が、この暁方に入滅した」と云うことだ。はなはだ異常である。恒徳公（藤原為光）の一男である。権中納言（藤原斉信）の同母兄である。「官職任命の儀式の後、七日を過ぎていない。すでに神明に誓った言葉のとおりとなった」と云うことだ。年は三十八歳。

❖「左衛門督、此の暁、入滅す」と云々。甚だ非常なり。恒徳公の一男なり。権中納言の同母兄なり。「除目以後、七日を過ぎず。已に盟言に叶ふ」と云々。年三十八。

左衛門督此暁入滅云々、甚非常也、恒徳公一男也、権中納言同母兄也、除目以後不レ過二七日一、已叶二盟言一云々、年三十八、

✽太政大臣藤原為光の後継者をめぐっては、当初は為光は康保元年（九六四）生まれの一男誠信に期待していた。誠信自身も幼少時は聡敏で、見聞きするもの全てを記憶したという（『口遊』序文）。

天延二年（九七四）に十一歳で従五位下に叙爵された後、貞元二年（九七七）に従五位上、天元四年（九八一）に正五位下に昇叙され、寛和元年（九八五）に蔵人頭、寛和二年（九八六）に正四位下に叙され右中将に任じられるが、これらの昇叙も為光の譲りによるものであった。永延二年（九八八）に二十五歳で参議に任じられて公卿となったが、これも為光が摂政藤原兼家に涙を流すほど懇願して任じられたものである。為光は、誠信を参議に任じてもらえれば右大臣を辞してもよいと言ったという。また、為光は同じ蔵人頭の藤原実資の悪口を兼家に吹きこんでいたとされる（『小右記』）。

ところが誠信は、政治能力には欠けていたようであり、為光が正暦三年（九九二）に死去したこともあって、有能で藤原道長に追従していた同母弟（三歳年下）の

斉信に期待が集まることになる。実資をはじめ、藤原懐忠・藤原道頼・藤原伊周・平惟仲・藤原隆家が誠信を超越して中納言に昇進したのに、誠信は参議のまま留められた。

この長保三年、誠信は権中納言の欠員への任命を望んだ。『大鏡』の説話では、斉信に対し、自分を出し抜いて昇任申請をしないよう言い含めるが、誠信の能力に疑問を抱く道長の推薦を受けた斉信が権中納言に任じられた。誠信は道長と斉信を深く恨み、憤激・絶食の末に病を得て、間もなく死去した。握り締めた手の指が手の甲を突き破ったという。

こんなことが実際にあったとは思えないが、『権記』のこの記事（特に「盟言」）などに尾鰭を付けて創作された説話であろう。

なお、この時の除目で、行成はようやく参議に任じられて公卿の地位に上った。蔵人頭として何と足かけ七年、三十歳の年であった。

◆長保四年（一〇〇二）　妻と子の死

藤原行成三十一歳（従三位、参議・右大弁・侍従・大和権守）　一条天皇二十三歳　内覧兼左大臣藤原道長三十七歳　中宮藤原彰子十五歳　敦康親王四歳

・八月十八日　花山院、性空像の画賛を清書させる

花山院からお呼びが有って、参った。院の命が有って云ったことには、「書写上人（性空）の肖像を、（巨勢）広貴に画かせた。近頃、中書大王（具平親王）に頼んで、いささか絵にちなんだ詩を記してもらった。これを清書するように」ということだ。仰せを承って帰った。

❖花山院より召し有りて、参入す。勅有りて曰はく、「書写の聖影像を、広貴をして図かしむ。近曾、中書大王に示し、聊か事の旨を記す。之を書くべし」とい

へり。仰せを奉りて退出す。

自二花山院一有レ召、参入、有レ勅曰、書写聖影像令二広貴図一レ之、近曾示二中書大王一、聊記二事旨一、可レ書レ之者、奉レ仰退出、

✻出家後の花山院が修行のために訪れたのは、史実としては延暦寺とこの書写山圓教寺である（『日本紀略』、『朝野群載』所載「書写山上人伝」）。圓教寺は播磨国姫路の北西方の書写山上にある名刹で、性空によって開基された。雄大な舞台造の本堂（摩尼殿）や、宏壮な規模の三堂（大講堂・食堂・常行堂）がある。

花山が性空に篤く帰依していたことは確実なのであるが、長保四年三月六日に二度目の圓教寺御幸を行なったというのは、どうも『書写山円教寺旧記』『本朝法華験記』『古今著聞集』などの説話の世界の話のようである。

その際、花山が性空の影像を図画させたところ、地震が起こったので、花山をはじめ皆は驚き畏れたが、性空の言葉によって事なきを得、花山は地に降りて礼拝したという説話が作られている。

『権記』の本条であるが、諸説話の主張する三月から半年近くも経った八月十八日条

である。花山が行成に命じて、巨勢広貴に描かせ、具平親王に画賛を記させた性空像の画賛を清書させたのである。公務に忙しい行成は、なかなか清書に取りかかれなかったが、九月六日に清書して奉献したようである。ところが、翌七日になって、花山から督促が来た。行成が遣わした橘則光（清少納言の夫）が手元に置いておいたのであろう。驚いた行成は、昨日、奉ったことを奏上している。

この年に花山が性空像を画かせたという事実が拡大解釈され、「書写山上人伝」を花山が自ら記したという伝と相まって、長保四年にも花山が圓教寺を訪れ、性空像を画かせたという誤解が広まった（あるいは何者かが広めた）のであろう。

・十月十六日　新生女児、夭逝／行成室、出家、死去

早朝、大膳進資光が来た。経を書写していた頃、西方尼（源泰清室）が、誕生した女児が、たった今、死亡したという事を伝えられた。「はな

はだ異常です。産婦（藤原行成室）の病は、はなはだ重くいらっしゃいます。知らせていません」と云うことだ。経を浄い所に出した。晩方、兵部丞（源永光）の許に送った。「病者（行成室）は一日中、苦悩していました。ただ、湯治の時は、とても間隙が有りました」と云うことだ。申刻（午後三時－五時）以後に二度と、子刻（午後十一時－午前一時）の頃に、病者を見舞った。辛苦はとても慰められた。ただし、はなはだ力の無い様子である。尼となることを請うた。平生、許すことを約束していたので、順朝阿闍梨を招いて受戒の師とした。名は釈寿である。その後、私（行成）は釈迦牟尼仏の名を唱えた。尼（釈寿）が常に念じていたものである。その後、阿弥陀の名号を唱えた。尼もまた、これを唱えた。尼がまた、語って云ったことには、「懺悔の法を聞きたいのです」と。すぐに尋円阿闍梨と妙讃に伝えて、行なわせた。丑刻（午前一時－三時）、気はだんだんと絶えた〈年は二十七歳である。〉。悲しみの極まりは、何事がこのようであろうか。臨終を示した頃には、心身は乱れていなかった。去る永延三年八月十一日以後、今まで十四年。母子の命は、一日で突然に没した。松の木にからまる蔓草のような男女の契りは千年だが、変わってしまった。生んだ子は合わせて七人である。三人がすでに死亡した。

❖早朝、大膳進資光、来たる。御経を書写する間、西方尼、誕生の女児、只今、夭亡する事を示さる。御経、浄処に出し奉る。「甚だ非常なり。産婦の病、甚だ重し。知らしめず」と云々。晩景、兵部丞の許に送る。「病者、終日、苦悩す。只、湯治の時、頗る其の隙有り」と云々。申剋以後、二度、子剋ばかり、病者を見る。辛苦、頗る慰む。但し甚だ無力の気色なり。尼と為るを請ふ。平日、許容を契るに依りて、順朝闍梨をして戒師と為さしむ。名は釈寿。其の後、予、釈迦牟尼仏の名号を唱ふ。尼、尋常、念じ奉る所なり。其の後、阿弥陀の名号を唱ふ。尼、亦、之を唱ふ。尼、又、示して云はく、「懺法を聞かんと欲す」と。即ち尋円闍梨・妙讃等に示し、行なはしむ。丑剋、気、漸く絶ゆ〈年、二十七。〉。悲慟の極み、何事か之のごとからんや。臨終を指す間、心神、乱れず。去ぬる永延三年八月十一日以後より、今に十四年。母子の命、一日に忽ち没す。松蘿の契り千年、相変はる。所生の子、惣て七人。三人、已に夭す。

早朝大膳進資光来、書二写御経一之間、西方尼被レ示二誕生之女児只今夭亡事一、甚非常也、産婦病甚重、不レ令レ知云々、御経奉レ出二浄処一、晩景送二兵部丞許一、病者終日苦悩、只湯治之時頗有二其隙一云々、申剋以後二度、子剋許見二病者一、辛苦頗慰、但甚無力気色、請レ為レ尼、依二平日契一許容、令三順朝闍梨為二戒師一、名釈寿、其後予唱二釈迦牟尼仏名号一、尼尋常所レ奉レ念也、其後唱二阿弥陀名号一、尼亦唱レ之、尼又示云、欲レ聞二懺法一、即示二尋円闍梨・妙讃等一令レ行、丑剋気漸絶〈年二十七〉、悲慟之極何事如レ之、指二臨終一之間、心神不レ乱、自二去永延三年八月十一日一以後、于レ今十四年、母子之命一日忽没、松蘿之契千年相変、所生之子惣七人、三人已夭、

※行成の最初の妻は、醍醐源氏の源泰清の女。永延三年（＝永祚元年、九八九）に結婚し、薬助丸、男（夭折）、実経、良経、女（源顕基室）、女（源経頼室）、女（夭折）を産んだが、長保四年、新生の女児とともに卒去した。浄土信仰による薄葬思想を持っていた行成は、その骨粉を白河に流している。

それにしても、この妻に関する卒伝は、いつ読んでも心に刺さる。この時代、結婚記念日を覚えている人は、どのくらいいたのであろうか。

なお、この妻のことを行成は、主として「女人」「母氏」「孟光」と呼称している。「孟光」とは自分の妻をへりくだっていう語で、後漢の梁鴻の妻であった醜女の孟光が自分の身をいやしくして、梁鴻の事のみを重く思っていたという故事による。

最初の妻に先立たれると、行成は翌年、その同母妹と結婚する。その妻に対しては、はじめは「女房」と呼称していたものの、やがて遺された子供たちの母代わりを努めて「家母」と呼ばれ、後に「女人」と呼ぶような関係となり、ついには先の妻と同じく「孟光」とも記述するようになっている。この妻は、女（藤原長家室）、行経、男（夭折）、男（夭折）を産んでいる。行経が世尊寺流を嗣いでいくことになる。

◆長保五年（一〇〇三）　能書の自覚

藤原行成三十二歳（従三位→正三位、参議・右大弁・侍従）　一条天皇二十四歳　内覧兼左大臣藤原道長三十八歳　中宮藤原彰子十六歳　敦康親王五歳

・十一月二十五日　小野道風に書法を授けられる夢想

この夜の夢に、野（小野）道風に逢った。おっしゃって云ったことには、「筆法を授けよう」と。様々な事を談り合った。

❖此の夜の夢に、野道風に逢ふ。示して云はく、「書法を授くべし」と。雑事を言談す。

此夜夢逢二野道風一、示云、可レ授二書法一、言二談雑事一、

✻早くから能書としての名声を得ていた行成であったが、この頃、その自覚と自信が強まったのであろう。その道の大先達である道風からの書法授与、および書についての言談という夢を見ている。この年、行成は七月三日に新造内裏の紫宸殿・承明門の額を書き、十月四日にそれを一条天皇に奏覧している。

また、かの道風から書法を授与されたという夢を『権記』に記録した理由は、能書の家としての子孫に対して、その祖の行成は道風とも通じていたことを伝えるためであったかとも思えてしまう。

なお、参議任命以来、『権記』の記事は、その量が少なくなり、内容も「宮廷の秘事」に関わるようなものはなくなる。蔵人頭としての王権内部での活躍が終わり、最末席の参議として政務に参画する立場になったことによるものであろうか。

行成と『権記』がふたたび大きな光芒を放つのは、一条の退位に伴う新東宮の選定に関わる時を待たなければならない。

★コラム3　『権記』の暦記・別記・部類記と写本

『権記』は行成が記録した自筆原本は現存せず（『御堂関白記』以外は大概、そうなのであるが）、暦記、別記、部類記（儀式ごとに記事を集めたもの）などが複雑に伝来して、現在の形に至っているものと考えられる。現存する『権記』の最古の写本でも、鎌倉期の書写とされる伏見宮家旧蔵本（宮内庁書陵部蔵）である。しかも一部は、江戸期に書写された前田本（尊経閣文庫蔵）しか存在しない年もある。

その意味では、我々が目にする『権記』は、行成が記録した『権記』の真の姿ではないという可能性がある。我々が現在、『権記』だと思って目にしているものは、鎌倉期に何人もの筆によって書写された伏見宮本『行成卿記』という写本（ほとんどの人にとっては、その翻刻本としての『史料纂集』か『史料大成』）のことなのである。伏見宮本『行成卿記』は、現在、二十二巻が伝わっているが、その最初の方の第一・三・四・五巻の標紙題簽には、「略記」と記されている。年次でいうと長徳年間までということになるが、その後の寛弘年間（第十三巻以降）などは、もっと記事が少ないのであるから、これらも「略記」と見なすべきであろう。

つまりこれは、『小右記』でいうところの、広本・略本のうちの略本なのではないかと考えられるのである。行成が記録したのがもっと多量の日記であったことは、確実であろう（たとえば、寛弘八年の後半の記事のように）。また、鎌倉期までに何次にもわたって書写され、その過程において数々の書き直しが行なわれてきたであろうことも、確実なのである。しかも、随分と日付の飛んでいる月も多いのであるから、すべての日の記事について残っていて、それを写したとは限らないことになる。

また、『権記』を読んでいると、具注暦に記した暦記や日付順に記した日次記と思われるものの他に、別記・別紙（別葉子）・部類記・目録などの存在を窺わせる記述が目立つ。「列見・考定記」「内論義部」「着座巻（着座日記）」「大饗日記」「建礼門行幸記」などの記載からは、行成自身が、儀式書を撰述する基にするためであろうか、様々な部類記を整理していたことがわかるのである。

たとえば、寛弘四年（一〇〇七）九月九日条では、「菊の宴なり」という短い記事（これはむしろ、部類目録や首書のようなものか）とは別に、部類記（『重陽菊花宴記』）に引用された詳しい記事があるし、寛弘六年（一〇〇九）五月一日条では、「内に参る。上野国の諸牧の御馬牽なり」という短い記事と、「別記なり」という傍注のある駒牽の詳しい記事がある。また、寛弘七年（一〇一〇）六月四日条では、「左府に詣づ。東宮に参る。先日、給ふ所の続紙を書く。其の次いでに雑事を仰せらる。未剋より日入に及ぶ」という普通の記事とは別に、「別紙に云はく、」として東宮居貞親王から聞いた詳しい記事を載せている。『西宮記』に引かれた寛弘七年七月十三日条や十四日条も、伏見宮本の十四日条にある「別記」であろう。

さらには、同じ日付に内容が同じで異なる二つの記事があるものも、長徳四年（九九八）九月二十六日条や寛弘八年（一〇一一）十二月二十七日条に存在する。これなどは、どのような経緯で伏見宮本として伝来したのであろうか。そういえば、一条天皇に彰子立后を勧めた長保二年（一〇〇〇）正月二十八日条なども、伏見宮本『行成卿記』と、『冊命皇后式』や『立后雑事抄』に引用された『権記』とでは、ずいぶんと字句の異同がある。

もしかしたら、参議任官以降の『権記』の記事が少ないのも、部類記の原史料として切り取られたまま、『小右記』のように元に戻されなかったことが原因なのかもしれない。

しかしそれにしても、長和元年（一〇一二）以降の『権記』は、何故にまとまって残っていないのであろうか。各種の部類記に引用された逸文を見ると、行成が長和年間以降に『権記』の日常的な記述を止めたとは、とても考えられないのである。

これはむしろ、後世の人が長和年間以降の『権記』を積極的に残そうとはしなかったのか、あるいはほとんどの記事が部類記の原史料として切り取られ、元の日次記としては復元されなかった、そしてそれらの部類記は散逸してしまったためであろうか。

なお、伏見宮本『行成卿記』の標紙題簽には「行成卿記」という題が記されているものの、元は包紙であった小口外題には、何と「春記」や「野府記」（『小右記』）と記されているものもある（五頁図版参照）。

『権記』の写本（ほとんど江戸時代の新写本）は他に、国立国会図書館蔵、内閣文庫蔵、静嘉堂文庫蔵、宮内庁書陵部蔵（葉室顕孝写）、関西大学蔵、京都大学蔵、東京大学史料編纂所蔵、大阪府蔵、京都府蔵、蓬左文庫蔵、大倉精神文化研究所蔵、旧彰考館蔵、神宮文庫蔵、大和文華館鈴鹿文庫蔵、無窮会神習文庫蔵、陽明文庫蔵、三条家蔵などがある。

◆寛弘元年（一〇〇四）炎旱による改元

藤原行成三十三歳（正三位、参議・右大弁・侍従・兵部卿・美作権守）

一条天皇二十五歳　内覧兼左大臣藤原道長三十九歳　中宮藤原彰子十七歳

敦康親王六歳

・二月二十六日　三宝奉仕の吉凶を安倍晴明に勘申させる

……「庚辰の日に仏宝に奉仕することは、吉備大臣（真備）の説では半凶である」ということだ。そこで左京権大夫（安倍晴明）の許に問い遣わした。占って、送って云ったことには、

「今日は庚辰です。吉備大臣の説では、四頭立ての馬車が門に来ます。これは正しい説です。他の説に云ったことには、『大吉』ということです。ある本には、『半吉』と云うことです。ところが、二十八・二十九

日よりは吉です。宿曜経に云ったことには、『月の二十六日に、天下にあるので、善行を修するのは吉である』と。また、云ったことには、『二十六日に行なった吉祥については必ず成就する』と云うことです。これらのような文書では、やはり今日は優です。そこで占いました。

左京　権大夫安倍晴明」と。

❖……「庚辰の日に、三宝に奉仕するは、吉備大臣の説は半凶」といへり。仍りて左京　権大夫の許に遣はし問ふ。勘じ送りて云はく、「今日、庚辰。吉備大臣の説、駟馬、門に来たる。是れ正説なり。又説に云はく、『大吉』といへり。或る本、『半吉』と云々。然れども二十八・九日よりは吉なり。宿曜経に云はく、『月の二十六日、天下に在るにより、功徳を修すは吉』と。又、云はく、『二十六日、作す所の吉祥の事、必ず成就す』と云々。件等のごとき文は、猶ほ今日、優なり。仍りて以て勘申す。

左京　権大夫安倍晴明」と。

……庚辰日奉二仕三宝一、吉備大臣説半凶者、仍遣二問左京権大夫許一、勘送云、今日庚辰、吉備大臣説駟馬門来、是正説也、又説云、大吉者、或本半吉云々、然而自二二十八九日一者吉也、宿曜経云、月廿六日、自レ在二天下一修二功徳一吉、又云、廿六日所レ作吉祥事必成就云々、如二件等一文者、猶今日優也、仍以勘申、

左京権大夫安倍晴明

✻この日、行成は修学院に参詣して、生気御明という燈明を奉献した。修学院というのは京都の北東、比叡山の西坂本にあった延暦寺の別院で、現在の修学院離宮の地である。この院には倶利伽羅大竜王像があるというので、自分の分五千燈、子息である薬助丸の分二千燈、その妹の分二千燈と、諷誦の手作布十端を供えたのである。夢想が有ったというので、信濃布は用いなかった。その後、世尊寺に帰り、堂に入って礼拝を行なっている。

この日は干支でいうと庚辰にあたり、仏法に奉仕するのは、真備の説ではいささか凶であると、誰かに言われたらしい。そこで陰陽師の晴明に占ってもらったというのが、この記事である。

占いの結果を記した占文を、この日の故事の末尾に写したか、あるいは貼り付けたかしている。後日の参考にしようとしたのであろう。なお、晴明は翌寛弘二年（一〇〇五）に死去しており、『権記』に出てくるのはこれが最後となる。

晴明の占いの結果は「吉」であり、これを承けて、行成は修学院に出かけた。このように、陰陽師は顧客の望む結果を出すことが多いのである。

修学院離宮から見た京都市内

安倍晴明宅故地

◆寛弘二年（一〇〇五）　内裏焼亡と伊勢勅使

藤原行成三十四歳（正三位、参議・右大弁↓左大弁・侍従・兵部卿・美作権守↓播磨守）一条天皇二十六歳　内覧兼左大臣藤原道長四十歳　中宮藤原彰子十八歳　敦康親王七歳

・九月十七日　道長に自筆の『往生要集』を奉る

左大臣（藤原道長）の許に参った。『往生要集』を返した。新写した私（藤原行成）の自筆を求められた。そこで献上した。原本の『要集』を賜わった。

❖左府に詣づ。『往生要集』を返し奉る。新写の自筆を召さる。仍りて奉る。本の『要集』を賜はる。

詣二左府一、返二奉往生要集一、被レ召二新写自筆一、仍奉、賜二本要集一、

✻この年の五月十三日、道長の土御門第で騎射や一種物の饗宴、詩会の催しがあり、行成も参加した。それを聞いた藤原実資は、「七、八人の公卿を世に恪勤の上達部（道長に追従する公卿）と称する。朝夕、左府（道長）の勤めを行なう」と揶揄している（『小右記』）。他に確固たる権力基盤を持たなかった行成としては、道長に接近するしか、出世の方策がなかったのである。

さて、行成は、次に取りあげる記事でも明らかになるように、新しく興りつつあった浄土信仰にも関心は深かった。この年九月に、道長に源信の『往生要集』の書写を命じられたのだが、十七日、道長は行成自筆の方を召し、行成には原本を下賜している。この源信自筆の原本か、行成書写本が残っていれば、きわめて貴重なものとなっていたものと思うが、残念ながら失われてしまっている。

なお、『往生要集』は寛和元年（九八五）に天台僧の源信が著わしたもの。三巻。仏の相好を観察する観相念仏を説くのが主旨であって、弥陀の名号を唱える口称念仏は第二義的であったとされる。道長が愛読してから、文学・造形美術に大きな影響を

及ぼした。寛和二年(九八六)正月に宋の周文徳が宋の天台山国清寺にこれを納めたともされる(『国史大辞典』)。

・九月二十九日　雲上に連行される夢想/阿弥陀如来を念じる

二十九日の夜の夢に、どこかの東対の東廂のような所に人々がいたのだが、東の方角を見ると、南北に細い雲が立っていた。雲の上に火が有った。南北に交わり、更に南を指して行った。雲の中に人がいて、人を捕えて行く。人々がこれを見て、騒いで言ったことには、「あの人が連れて行く人は、検非違使別当(藤原斉信)を捕えようと思っているのである。今はまた、左大弁(藤原行成)を連れて行くに違いない」と言っているうちに、また人がいて言ったことには、『大弁(行成)は、まったく連れて行ってはならない』と言っていた」と人々が語った。「その替わりには、近江守

（藤原兼隆）を連れて行くだろう」と云ったので、私（行成）が言ったことには、「私はまったく過失は無い。どういうわけで私を連れて行こうとするのか」と云って、手を洗い、礼装を着て、本尊の不動明王の御前に詣でたところ、杖刀を帯びた者が出て来て、私の腰を抱えて持ち去ろうとする。私が心の中で思ったことには、「これは私を連れ去る使者である」と。そこで云ったことには、「先ず本尊に申してから、思いのままにしてほしい。そうでなければ、まったく私を連れ去ることはできないはずだ」と。すぐに本尊の前にひれ伏して最敬礼した〈不動明王である。〉。この間、その人は、私の腰を抱えていた。次に私は、五大尊を念じて最敬礼すること四、五回ほどであった。次に薬師如来、次に地蔵菩薩、次に普賢菩薩、次に阿弥陀如来を念じた。「南無四十八願弥陀善逝」と唱えた。一拝している間、私の腰を抱えていた人は、だんだん緩んできた。二拝している間、阿弥陀如来を称えると免しなされた。この人は、すでに私から離れた。この間、私は不覚にも涙が下った。そこで私は、足でこの人を踏みつけた。十拝ほどした後、また観音を念じた。夢の中で思ったことには、「十斎仏・五大尊・六観音の像を造らなければならない。これらの中で、阿弥陀如来を立派に造るべきである」と。夢の中で、「はなはだ尊い」と思った。その頃、夢から覚めた。

❖二十九日の夜の夢に、東対の東廂のごとき所に、人々有る間、東の方を見出せば、南北に細き雲、立つ。雲の上に火有り。南北と行き遇ひ、更に南を指して行く。雲中に人有りて、人を捕へて行く。人々の見騒ぎて言ふ、「此の召す人は、検非違使別当を召さんと思ふなり。今、又、左大弁を召すべし」と言ふ間、又、人有りて言ふに、「『大弁、専ら召すべからず』となむ言ひつる」と、人々、語る。「其の替はりには、近江守を成すべし」と云ふに、余、云はく、「専ら過つ所無し。何に因りて余を召すべきや」と云ひて、手を洗ひて布袴して本尊の御前に詣づる程に、杖刀の者、出で来、腰を抱へて持ち出さんとす。心中に覚ゆ、「是れは此れ、召す使なり」と。之に因りて示して云はく、「先づ本尊に申し、進退すべし。

然らざらば更に出づべからず」と。即ち本尊の前に於いて頂礼す〈明王。〉。此の間、指す人、腰を抱ふ。次いで五大尊と念じ奉りて頂礼すること四、五遍ばかり。次いで薬師如来、次いで地蔵菩薩、次いで普賢菩薩、次いで阿弥陀如来なり。「南無四十八願弥陀善逝」と唱へ奉る。一拝の間、腰を抱ふる人、漸く緩む。二拝の間、弥陀如来を称するに免し給ふ。此の人、已に離る。此の間、不覚に涙下る。即ち余、足を以て此の人を踏む。十拝ばかりの後、又、観音を念じ奉る。夢中に覚ゆるに、「十斎仏・五大尊・六観音を顕し奉るべきなり。此の中、弥陀如来を大いに顕し奉るべし」と。夢中に「甚だ尊し」と覚ゆ。此の間、寤め了んぬ。

廿九日夜夢、如二東対東庇一所尓、人々有之間、東方を見出せは、南北細雲立、雲乃上尓有レ火、南北與行遇、更南を指行、雲中有レ人天、人を捕天行久、人々の見騒言、此召人ハ召二検非違使別当を一思也、今又可レ召二左大弁一と言之間、又有レ人言、大弁専不レ可レ召となむ言つると人々語、其替尓ハ、近江守可レ成と云尓、余云、専無レ所レ過、何因可レ召レ余乎と云天、洗レ手天、布袴し天、本尊の御前尓詣程、杖刀の者出来、腰抱持出むと須、心中覚、是ハ此召使也、因レ之示云、先申二本尊一可二進退一、不レ然者更不レ可レ出と、即於二本尊前ニ頂礼〈明王〉、此間指人抱レ腰、次五大尊と奉レ念天頂礼四五遍許、次薬師如来、次地蔵廾、次普賢廾、次阿弥陀如来、南無四十八願弥陀善逝と奉レ唱、一拝之間、抱レ腰之人漸緩、二拝之間、称ニ弥陀如来一免給、此人已離、此間不覚涙下、即余以レ足踏ニ此人一、十拝許之後、又奉レ念ニ観音一、夢中覚十斎仏・五大尊・六観音可レ奉レ顕也、此中弥陀如来大尓可レ奉レ顕と、夢中甚尊と覚、此間寤了、

＊自身の死に関する三度目の夢である。「雲中の人」が、斉信に次いで自分を連れて行くというのは、能吏としての自意識によるものであろうか。この時、行成は実務官僚として最高の地位である左大弁に任じられたばかりであり、その気負いも手伝ったものであろう。

ここでは、不動尊信仰から種々の菩薩を経て、極楽往生を願う阿弥陀信仰に至る宗教的変化が語られている。この年の六月七日に、行成は観音院（岩倉の大雲寺にあった子院）において丈六不動尊像の開眼供養を行なっているのであるが、それに続けて、「今日からは偏えに阿弥陀如来に帰依する」と記している。この夢も、心の中で浄土信仰への傾斜を見せていたことの反映であろう（倉本一宏『平安貴族の夢分析』）。

この年三十四歳、まさかもう現世における栄達を諦めたわけではあるまいが。それ

にしても、死を免れることを阿弥陀如来に祈るというのも、変な話ではある。なお、行成は翌寛弘三年（一〇〇六）四月二日、仏師康尚に造顕させた「等身金色阿弥陀仏」を世尊寺に安置している。

本文中のせりふに半平仮名を含む仮名が使われていることにも注目したい。複雑なせりふを正確に記録するためには、漢文よりも仮名の方が適当だったのである。

阿弥陀如来坐像（京都国立博物館蔵、ColBase（https://colbase.nich.go.jp/））

離宮院築垣跡

・十二月十四日　離宮院に着く／神恩によって晴れる／伊勢神宮の神異

巳刻（午前九時－十一時）、壱志駅家から出立した。飯高・飯野・多気郡を経た。未刻（午後一時－三時）の頃、多気川において祓を行なった。申刻（午後三時－五時）、離宮院〈度会郡。〉に着いた。飯高郡に到った頃、急に陰雲が出てきた。雨脚が急に降った。心の中で伊勢大神宮に祈り申した。すぐに晴れた。神の恩が有ったのである。もっぱら王命を承って、身を神に任せている。神は信義を用いる。信義は顕かになるものである。今日の夕方、神宮の方に光が有った。神の霊異を記すものである。

❖巳剋、壱志駅家より出づ。飯高・飯野・多気郡を経。未剋ばかり、多気河に於いて祓す。申剋、離宮〈度会郡。〉に著す。飯高郡に至る比、忽ち陰雲有り。雨脚、忽ち降る。心中、大神宮に祈り申す。廼ち霽る。神恩有るなり。一ら王命を奉

り、身を神明に任す。神明、信を用ゐる。信は感顕に至る者なり。此の夕、神宮の方に光有り。異を記すなり。

巳剋自二壱志駅家一出、経二飯高・飯野・多気郡一、未剋許於二多気河一祓、申剋著二離宮一〈度会郡〉、比レ至二飯高郡一忽有二陰雲一、雨脚忽降、心中祈二申大神宮一、廼霽、有二神恩一也、一奉二王命一、任二身於神明一、々々用レ信、々至二感顕一者也、此夕神宮方有レ光、記レ異也、

✿この年十一月十五日の子剋（午後十一時から午前一時）、平安宮内裏の温明殿と綾綺殿の間から出た火は、瞬く間に内裏を包み込み、賢所（温明殿の南の神殿）に奉置されていた神鏡（後に三種の神器の一つとされた八咫鏡）が焼損した。

この神鏡焼損により、伊勢神宮に公卿勅使として行成が派遣されることになった。当初は勅使に拝されていた源経房が、急に犬の産穢を申して辞退した結果である。伊勢に単独で公卿勅使が派遣されたのは、天慶の乱の際の天慶三年（九四〇）以来、六十五年ぶり、平安時代に入って二度目のことであった。天皇の宸筆宣命もこれが初例とされる。

十二月十日に出発した行成は、その日は勢多の駅館（現大津市神領の堂ノ上遺跡）、

翌十一日は甲賀駅家（現滋賀県甲賀市土山町頓宮）、十二日は鈴鹿関戸駅（現三重県亀山市関町）、十三日は壱志郡の駅家（市村駅、現三重県松阪市曽原町）に宿泊し、十四日に度会郡の離宮に着いた。

この離宮（離宮院）は、斎宮と伊勢神宮との間に設けられたもので、斎宮が神宮に向かう途中に宿泊した場所である。大神宮司の政庁、度会郡の駅家も備わっていた。現三重県伊勢市小俣町本町の官舎神社が、その故地と伝える。

その途上の飯高郡で、急に陰雲が出てきて、雨脚が急に強くなった際に、行成が心中に大神宮に祈り申したところ、すぐに晴れた。続けて行成は、これは神恩や神異であると記している。

後世のものとは随分と様相が異なるものの、伊勢の神に祈願する気持は、千年の時を超えて我々に迫るものがある。普段は冷静な能吏である行成が、このような神秘的な記述をするというのも、また伊勢神宮の持つ霊威と称すべきであろうか。

なお、十五日に行成は、宮川で祓を行ない、まず豊受宮（外宮）に参り、ついで皇太神宮（内宮）に参った。十六日に帰途に着き、入京したのは十八日のことであった。

◆寛弘三年（一〇〇六） 興福寺大衆の強訴

藤原行成三十五歳（正三位、参議・左大弁・侍従・兵部卿・播磨守）
一条天皇二十七歳 内覧兼左大臣藤原道長四十一歳 中宮藤原彰子十九歳
敦康親王八歳

・五月十一日 藤原定佐、藤原広業を凌礫

昨夜、右少弁（藤原）広業朝臣が内裏に参った。蔵人式部丞（藤原）定佐の為に顔を殴られて傷つけられた。そこで定佐は除名に処された。近頃、天変地異が連続している。占ったところはただ、内乱が起こり、近臣が退くという事である。そこで各種の祈禱を行なっていたところ、この事件が起こった。大きな災難が転じたものであろうか。

❖去ぬる夜、右少弁広業朝臣、内に参る。蔵人式部丞定佐の為に、面を殴損せらる。仍りて定佐を除籍せらる。近日、天変、連々たり。申す所は只、内乱在り、近臣退く等の事なり。仍りて種々の御祈等の間、此の事有り。大禍、転ずる所か。

去夜右少弁広業朝臣参レ内、為二蔵人式部丞定佐一被レ殴二損面一、仍定佐被二除籍一、近日天変連々、所レ申只在二内乱一近臣退等事也、仍種々御祈等間有二此事一、大禍所レ転歟、

✻五月十日に蔵人の広業が同じ蔵人の定佐を内裏で闇打ちにしたところ、逆に定佐によって打擲され、疵を被るという事件が起こった。夜通し、一条天皇の御所の辺りが騒然とし、一条は怪しみ怖れた。当然、定佐は除籍に処された（『御堂関白記』）。当時、天変が連々としていることについての勘申を行ない、「内乱が起こり、近臣が退く」という結果が出ていたのであるが、この事件が「大禍が転じたもの」というのは、あまりに楽観に過ぎよう。

・七月三日　神鏡定／勘文を読む

一条天皇の御前において、神鏡（八咫鏡）についての審議が行なわれた。その座は官職任命の儀式の設営と同じであった。ただし、大臣の座を敷かず、ただ座一枚を敷いた。左大臣（藤原道長）が御簾の内から博士たちの報告書二通を賜わった。一つは神鏡、一つは彗星の報告書である。彗星については定められず、ただ神鏡について定められた。そこで私（藤原行成）を呼んで、神鏡の報告書を賜わった。私は座に控えた。左大臣が公卿たちに仰せ下したことには、「神鏡を改めて鋳るかどうかについて、博士たちが先例を調べたところは同じではない。どうすればよいのかを審議するように」と云うことだ。その後、私は報告書を開いて御前に向かい、笏を正して読み申した。先ず紀伝道の報告書を読んだことには、「あれこれ」と。その式次第は別に記している。

❖御前に於いて、神鏡の定あり。其の座、除目の御装束のごとし。但し大臣の円座を敷かず、只、円座一枚を敷く。左大臣、御簾の内より諸道の勘文二結を給ふ。一は神鏡、一は客星なり。客星の事は定められず、唯、神鏡の事を定めらる。仍りて余を召し、神鏡の勘文を給ふ。余、円座に候ず。左大臣、諸卿に仰せ下す、「神鏡の事、諸道の勘申する所、同じからず。行なはるべき由を定め申すべし」と云々。其の後、余、文を抜き、御前に対ひ、笏を端して読み申す。先づ紀伝を読むに、云々。次第、別記に在り。

於二御前一神鏡之定、其座如二除目御装束一、但不レ敷二大臣円座一、只敷二円座一枚一、左大臣自二御簾内一給二諸道勘文二結一、一神鏡、一客星也、不レ被レ定二客星事一、唯被レ定二神鏡事一、仍召レ余給二神鏡勘文一、余候二円座一、左大臣仰二下諸卿一、神鏡事諸道所二勘申一不レ同、可レ被レ行之由可二定申一云々、其後余抜レ文、対二御前一端レ笏読申、先読二紀伝一云々、次第在二別記一

✻前年十一月に焼亡した内裏の造営は、この寛弘三年の二月十七日に内裏造営始が行なわれ、三月十日に内裏立柱上棟が行なわれるなど（『御堂関白記』）、着々と進んだ。

一方、焼損した神鏡改鋳に関する諸道博士の勘文は六月十三日にやっと奏上され、七月三日、一条天皇の御前において議定された。そこでは、改鋳すべきではないという意見が七人、諸道の勘文にあるように神祇の亀占や筮の吉凶の告げによって決定すべきであるという意見が、藤原道長はじめ三人となった。一条が、「いま一度、議定せよ」と命じても、やはり同じであった（『御堂関白記』）。

その後、道長の、「この事は、決定することは難しい。……元の神鏡に禱請を加えて、安置し奉るべきであろうか」という愚痴まじりの言葉で議定は終わった（『御堂関白記』）。そして七月十五日、「一昨の定」によって、道長が主張したとおり、結局は御卜が行なわれ（『権記』）、そのまま神鏡（の残骸）が賢所に安置された（『日本紀略』）。

この議定において、行成は諸道博士の勘文を公卿に読み上げるという大役を務めた。法令や先例を多く引用した様々な分野の勘文を正確に読むという作業は、誰にでもできるものではなく、ここは行成の学識を道長が重視したということであろう。

・七月十三日　興福寺僧、八省院に集会。宣旨を下して追却

……右大臣（藤原顕光）がおっしゃられたことには、「『山階寺（興福寺）の法師たちが、理由も無く八省院（朝堂院）に集合している』ということだ。早く退去させるべきである」と。すぐに（小槻）奉親宿禰が一条天皇の命令を寺の事務に下した。

❖……右大臣、仰せらるるに、「『山階寺の法師等、故無く八省に集会す』といへり。早く退去せしむべし」と。即ち奉親宿禰、宣旨を寺司に給ふ。

……右大臣被レ仰、山階寺法師等無レ故集二会八省一者、早可レ令二退去一、即奉親宿禰給二宣旨於寺司一、

✻この頃、大和守源頼親と興福寺との紛争が勃発していた。七月七日に提出した愁状が返却されたのを承けて、十二日に三千人と号した興福寺大衆が大挙して上京してきた（『小右記』）。十三日には八省院（大内裏朝堂院、大極殿の前）に集結していたが、一条はこれに対し、宣旨を下して僧たちを追い立てた（『御堂関白記』）。院政期の僧兵に対する朝廷の対応と比較して、いまだ朝廷、および天皇の権威は大きなものであったことを実感させられる。

一方、興福寺別当の定澄は、二日以来、何度も藤原道長に面会し、脅しをかけたが、さすがは道長、まったく屈することなく、逆に定澄を脅している（『御堂関白記』）。十四日には大衆はすべて退去した。別当以下の高僧が十五日に土御門第を訪れ、道長が興福寺僧の中文四箇条を一々裁定したところ、僧たちは事毎に道理であると称して還り去った（『御堂関白記』）。これを聞いた行成は、「長者（道長）の命を承って、すでに口を閉じたようなものである」と賞賛している（『権記』）。

・十二月二十六日　新造内裏の額を懸ける／道長、法性寺五大堂五大尊を開眼供養

今日、内裏の額を初めて懸けた。先ず紫宸殿・清涼殿・承明門に運んだ。法性寺に詣でた。左大臣（藤原道長）が五大堂の五大尊を開眼供養した。勅使の右頭中将（藤原実成）が導師の高座の下に進んで、出家者を許可するということを伝えた。禄を勅使に下賜した。藤原氏の一門の公卿たちが経文を読ませた。

❖今日、内裏の額を始めて料す。先づ紫宸・清涼殿、承明門に運ぶ。法性寺に詣づ。左丞相、五大堂の五大尊を開眼供養す。勅使右頭中将、導師の高座の下に進み、度者を給ふ由を仰す。禄を以て勅使に被く。氏の一門の諸卿、諷誦す。

今日内裏額始料、先運二紫宸・清涼殿、承明門一、詣二法性寺一、左丞相五大堂五大尊開眼供養、勅使右頭中将進二導師高座下一、仰下給二度者一之由上、以レ禄被二勅使一、氏一門諸卿諷誦、

✲完成した新造内裏に十二月二十六日に一条天皇が還御することが、いったんは十一月二十五日に決まったものの（『御堂関白記』）、結局は沙汰止みとなり、一条が内裏に戻ることは二度となかった。

この二十六日に行成が書いた内裏の額を懸けていることからも、この時点までは内裏還御が既定の路線として定まっていたことを窺わせる。

一方、法性寺は藤原忠平が建立した方三町（約三六〇メートル）規模の広大な寺で、現在の東福寺の寺地とほぼ重なる。藤原実頼の東北院、道長の五大堂、藤原公季の三昧堂など、境内に子院が建立され（他に道綱も）、それぞれの家の結集の場となった。

道長は、寛弘二年（一〇〇五）十二月二十一日に丈六五大尊像の造作をはじめ、寛弘三年七月二十七日に五大堂の立柱上棟を行ない、八月七日に五大堂に五大尊像を移したうえで、十月二十五日に五大尊像の開眼供養、十二月二十六日に五大堂供養を行なった。道長は依頼に応じ、南門の寺額を揮毫している。正門である西門は行成が書いている（『御堂関白記』）。

なお、現在、法性寺の故地である東福寺塔頭の同聚院の本尊である丈六不動明王坐像は、道長が建立した五大堂の中尊で、仏師康尚の作である。

興福寺（五重塔・東金堂・中金堂・南円堂）

内裏模型（京都市歴史資料館蔵・京都市平安京創生館展示）

不動明王坐像（同聚院蔵）

◆寛弘四年（一〇〇七）　藤原道長金峯山詣

藤原行成三十六歳（正三位→従二位、参議・左大弁・侍従・兵部卿・皇太后宮権大夫・播磨守）　一条天皇二十八歳　内覧兼左大臣藤原道長四十二歳　中宮藤原彰子二十歳　敦康親王九歳

・八月二日　道長、金峯山詣

「この丑刻（午前一時－三時）、左大殿（藤原道長）は、金峯山に詣でられた。源納言（源俊賢）が供に参られた」と云うことだ。

❖**「此の丑剋、左大殿、金峯山に詣で給ふ。源納言、御共に候ぜらる」と云々。**

此丑剋左大殿詣㆓給金峯山㆒、源納言被㆑候㆓御共㆒云々、

✻この年の正月の叙位で、行成は造宮行事（内裏造営の担当者）の功で従二位に叙された。二位の参議というのはきわめて異例で、行成としても、早く中納言に昇任したかったことであろう。

一方、道長は閏五月十七日から金峯山詣の長斎に入り、八月二日に京を出立して、十一日に金峯山（現奈良県吉野郡の山上ケ岳）に詣でた。道長は、まず小（子）守三所に参り、その後、金剛蔵王が湧出したという御在所（現大峰山寺山上本堂付近）に参り、「主上（一条天皇）・冷泉院・中宮（藤原彰子）・東宮（居貞親王）の御為の理趣分（性欲の解放を説く経）八巻」などの経巻を埋納した（『御堂関白記』）。

この金峯山詣には、彰子の懐妊祈願という意味も含まれていたのであろう。私も二度、登ったことがあるが（最初の時は道長と同じ年齢の同じ日）、あの急峻な山道や断崖を、秋雨をおして登った四十二歳の道長の執念は、容易に推察することができる。なお、八月九日、藤原伊周と藤原隆家が、かつて平維衡と合戦を行なった平致頼と相語らって、道長殺害を企てたという噂も立っている（『小記目録』）。

そんなことには関係のない行成は、淡々と道長の出立を記録している。ただ、俊賢が道長に同行したという記事を記しているのは、同じく道長側近として、何か思うところがあるのであろうか。

◈寛弘五年（一〇〇八）　敦成親王誕生・行成男児死去

藤原行成三十七歳（従二位、参議・左大弁・侍従・兵部卿・皇太后宮権大夫・播磨守）　一条天皇二十九歳　内覧兼左大臣藤原道長四十三歳　中宮藤原彰子二十一歳　敦康親王十歳　敦成親王一歳

・三月十九日　中宮皇子誕生の夢想／後涼殿南屛顚倒の夢想

この夜、夢で内裏の門の辺りにいた。僧や徳のある人が多く参って、中宮（藤原彰子）の懐妊の祝いを申していた。自ら男女を問うと、答えたことには、「男である」と云うことだ。また、夢で後涼殿の南の塀が顚倒した。

❖此の夜、夢に陣の辺りに在り。諸僧・宿徳、多く参入し、中宮の御懐妊の慶びを申す。自ら男女を問ふに、答ふ、「男なり」と云々。又、夢に後涼殿の南屛、

顚倒す。

此夜夢在二陣辺一、諸僧・宿徳多参入、申二中宮御懐妊之慶一、自問二男女一、答男也云々、又夢後涼殿南屏顚倒、

✻金峯山詣の効験か、寛弘四年(一〇〇七)の十二月、彰子は懐妊した。それも翌寛弘五年の三月頃には公になっていたが、十九日、行成は夢を見た。諸僧が多く参入し、彰子懐妊のお祝いを申しているのであるが、行成が生まれる子の男女を自問すると、どこからか「男なり」という答えが聞こえてきたというのである。

藤原定子所生の敦康親王家別当を勤め、一条天皇の信任も厚い行成ではあったが、彰子が皇子を産み、一条と藤原道長の関係が強化されることも宮廷の安定には必要であるとの思いから、このような夢を見たのであろう。

ただ、再び寝入った行成が、清涼殿の背後にある後涼殿の南屏が顚倒したという夢を見たというのは、いかなる思いの反映なのであろうか。道長の権力に対する思いか、そもそも後涼殿の意味するものは、彰子か、他の女御か。いずれにしても、行成の複雑な心境が、この夢には表わされている(倉本一宏『平安貴族の夢分析』)。

・三月二十二日　天道、命三年を賜うとの書状

大僧正（観修）〈長谷（解脱寺）。〉の許から書状が届いた。「天が命を賜わったことは三年である」と云うことだ。子細は、その書状に見える。

❖大僧正〈長多仁。〉の御許より書状有り。「天道、命を賜ふこと三年」と云々。子細、彼の御書状に見ゆ。

自二大僧正〈長多仁、〉御許一有二書状一、天道賜レ命三年云々、子細見二彼御書状一、

✤昔から気になっている記事がある。三月二十二日、死の床に就いていた解脱寺の観修の許から行成に、「天道、命を賜うに三年」という書状が届いたのである。誰の寿

命のことについてかは不明であるが、もし一条天皇のことだとすると、結果的にはそのとおりになったことになる。

このあたり、『山槐記』に見える寛弘五年七月十日の易勘文といい、『小右記』に見える寛弘六年の重い慎しみ（『小右記』寛弘五年十二月十七日条）や、一条寿限の夢想（『百練抄』所引『小右記』寛弘六年十月五日条）といい、この頃から一条が厄年を迎え、健康にも不安があるという認識が宮廷社会に拡がっていたようである。

・七月九日　中宮内裏御出、延引

また、夕方、内裏に参った。「今夜、中宮（藤原彰子）がお出ましになることになっている」ということだ。ところが、今日は大将軍が廻っている期間である。そこで以前、この日を選んだ（賀茂）光栄・（安倍）吉平・（県）奉平を呼んで、問われたところ、占いを忘れてしまったということを申した。そこで改めて、来たる十六日に出るようにと占った。そこで帰った。

❖亦、夕、内に参る。「此の夜、中宮、出で給ふべし」といへり。而るに今日、大将軍、遊行の間なり。仍りて本、択び申しし光栄・吉平・奉平を召して問はるるに、勘申を忘却せる由を申す。仍りて改めて、来たる十六日、御出すべき由を勘ず。仍りて罷り出づ。

亦夕参レ内、此夜中宮可二出給一者、而今日大将軍遊行間也、仍召二本択申光栄・吉平・奉平一被レ問、申下忘二却勘申一之由上、仍改勘下来十六日可二御出一之由上、仍罷出、

✲一条天皇は、彰子の安産を祈願するための御修善を一条院内裏で始め、なかなか彰子を内裏から土御門第に退出させなかった（『御堂関白記』）。これは、「どうしても彰子を手許から離したくない一条」という図式を演出することによって、彰子がかつての藤原定子に匹敵する「寵愛」を受けていることを主張し、その彰子から生まれるはずの皇子が、敦康親王を凌ぐ正統な後継者であることを宮廷社会にアピールするた

めの藤原道長の策略であろう。

さて、七月七日に、九日に彰子が退出するという日付を選んだのは、光栄・吉平・奉平という、錚々たる陰陽師たちであった（『権記』）。ところがこの月の六日から、本来は南の方角にあった大将軍が、「東に遊ぶ」という状態となっていた。大将軍というのは陰陽道の方角禁忌で、申酉戌の三年は南の方角に塞がるのであるが、甲子日から己巳日までは東に遊行するとされていた。一条院内裏から見て土御門第は東の方角にあたり、そちらへの移動はできない。これは『御堂関白記』自筆本の具注暦にも朱書してあるのであるから、もちろん道長も含めて、宮廷社会の全員がわかっていたことであった。

恐らくは誰もがそれに気付かぬふりをしたまま、九日の退出を迎えた。行啓の行列も整い、土御門第での饗饌の準備もすっかり終わった夕方、突如として大将軍が東に遊んでいるとの事実が表面化してしまったのである（『御堂関白記』『権記』『小右記』）。皆が気付かぬふりをしていれば行啓が行なわれるが、誰かが言い出した以上、大将軍の方角に向かって行啓を行なうわけにはいかなくなり、突然の中止となってしまった。それは周到に準備された、きわめて悪質にして、しかも正当的な嫌がらせと言うべきであろう。

・九月十一日　中宮彰子、皇子敦成を出産

巳刻（午前九時－十一時）、左大臣（藤原道長）の許に参った。午刻（午前十一時－午後一時）、中宮（藤原彰子）は男皇子（敦成親王）を産んだ。仏教の不思議な力である。「乳付は橘三位（徳子）である。読書の博士は、伊勢守（中原）致時朝臣・右少弁（藤原）広業・（大江）挙周朝臣であった」と云うことだ。

❖巳剋、左府に参る。午剋、中宮、男皇子を誕む。仏法の霊験なり。「御乳付、橘三位。読書、伊勢守致時朝臣・右少弁広業・挙周朝臣等なり」と云々。

巳剋参㆓左府㆒、午剋中宮誕㆓男皇子㆒、仏法之霊験也、御乳付橘三位、読書伊勢守致時朝

臣・右少弁広業・挙周朝臣等也云々、

✲九月九日夜半、彰子に産気が起こったが、産気は微々たるものであり、邪気（物怪）が出現するばかりで、一向に御産はなかった。

十一日の暁に土御門第寝殿の北廂に移った彰子は、昼ごろ、「御物の怪のねたみののしる声などのむくつけさよ」（『紫式部日記』）という状況のなか、「平安に」皇子敦成を出産した（『御堂関白記』）。

道長は諸卿に「たまたま仏神の冥助によって平安に遂げた。御喜悦の心は、喩えることのできる方策が無い。機嫌は、敢えて云うことはできない」と、その喜びを語った。ただ、勅使を遣わし、御釼（野釼）を持たせてはいるものの（『御産部類記』所引『小右記』）、かつての敦康親王の誕生時とは異なり、諸史料に一条天皇の喜びの言葉は残っていない（倉本一宏『一条天皇』）。

『権記』の記述も、何となく熱意が感じられないが、これは新皇子の誕生によって、敦康の存在がどうなるのかといった心配のほかに、この頃、行成が家族に問題を抱えていたからでもあった。次にそれについて述べよう。

・九月二十八日　新生の男児、死亡／鴨川に遺棄

この日、新たに生まれた児が、辰刻（午前七時－九時）に初めて沐浴した。前式部少輔江（大江）為基が、『孝経』を読んだ。弓の弦を打つ人や加持の僧がいた。午刻（午前十一時－午後一時）の頃、児が死没した。八月生まれの子は、俗にこれを忌む。そこで今月を過ぎて、御産が行なわれるよう、種々、祈願を行なった。ところが、急に御産を行なった。これは仏や神の助けが無かったのである。今夜の子刻（午後十一時－午前一時）、児をこちら側の鴨川の河原に棄てたのである。

❖此の日、新たに生まるる児、辰剋、初めて沐浴す。前式部少輔江為基、『孝経』を読む。弦打・加持の僧等、之に在り。午時ばかり、児、没す。八月の子、俗に之を忌む。仍りて今月を過ぎ、産事を遂ぐべき由、種々祈願す。而るに俄か

に産事有り。是れ仏神の冥助無きなり。今夜、子剋、児を乙方の東の河原に棄つるなり。

此日新生児辰剋初沐浴、前式部少輔江為基読二孝経一、弦打・加持僧等在レ之、午時許児没、八月子俗忌レ之、仍過二今月一可レ遂二産事一之由、種々祈願、而俄有二産事一、是無二仏神冥助一也、今夜子剋棄二児於乙方東河原一也、

✻この年九月、藤原彰子が敦成親王を出産したのに続いて、行成の家にも双生児が生まれた。二十五日に男児が生まれたものの胞衣が下りなかった。もう一人は翌二十六日に男児が生まれたものの、こちらも胞衣が下りなかった。そこで切り取って、産婦の股に結び着けた。

二十七日、はじめに生まれた児が死亡した。すでに浄土信仰に傾倒していた行成は、この児を鴨川の東に棄てさせた。この日、やっと胞衣が出たものの、産婦は苦しんでいた。そしてこの二十八日、新たに生まれた方の児が死没してしまった。行成はこの児も、鴨川（東河）のこちら側の河原に棄てさせたのである。

藤原道長家の栄花と裏表のこの悲劇には、行成もよほどこたえたのであろうか、後

世、「寛弘の佳例」と讃えられた一条天皇の土御門第行幸も行なわれた十月の『権記』の記事は、ほとんど記せず、そしてこれ以降、『権記』に妻子に関する記述は少なくなる。

それにしても、行成の独特の死生観は、浄土信仰の盛んになりつつある当時をもってしても、やはり独自のものなのであろう。新生児の遺体を鴨川に遺棄することは、当時としてはそれほど特異な例ではなかったにせよ、先ほどの妻や、魂殿を造って安置してあった生母と外祖父（火葬を許さなかった人である）の遺骸を焼いて灰燼とし、これを鴨川に流しているなど、徹底した散骨思想と称すべきであろう（黒板伸夫『藤原行成』）。

・十二月二十日　敦成親王、百日の儀／藤原伊周、行成から筆を取り、和歌序題を書く

内裏に参った。若宮（敦成親王）の生後百日の祝宴が行なわれた。一条天

皇は中宮（藤原彰子）の部屋にいらっしゃった。私（藤原行成）は若宮の給仕を勤めた〈右衛門督（藤原斉信）が奉仕された。殿上人四人が益供した。〉。左宰相中将（源　経房）が中宮の給仕を勤めた〈中宮権大夫（源　俊賢）が奉仕された。〉。公卿は東　孫廂にいた。殿上人はその外側の又廂にいた。各々、饗宴が行なわれた。これより以前に、贈物百捧と菓子を入れた木箱百合が、正面の南　広廂に並べ置かれた。殿上人の五位と六位が、これを取って、部屋に運んだ〈御殿である。〉。しばらくして、天皇が出てこられた。公卿は広廂に控えた。食事を供する台を出した。次に天皇の膳を出した。右衛門督が給仕を勤めた。大殿（藤原道長）が調達されたのである。右大臣（藤原顕光）が給仕を勤めた〈右金吾（斉信）は退いた。〉。右大臣が酒を出した。一、二巡の宴飲の後、左大臣（道長）の命によって、私が紙と筆を取って参り進み、序と題を書こうとしていたところ、帥（藤原伊周）が更に書かれた。私は和歌を書いた。左金吾（藤原公任）が命を発した。巡って権中納言（藤原隆家）の許に到った頃、また、この紙と筆を持って来させた。右大臣は、天皇の意向によって、また酒を出した。左大臣は、天皇のお呼びによって近くに控え、盃を賜わった。私は、天皇の和歌や大臣（道長）の和歌と和して詠んだ。唱和が終わって、天皇は帰られた。

❖内に参る。若宮の御百日。上、中宮の御方に御す。余を若宮の陪膳と為す〈右衛門督、奉仕せらる。殿上人四人、之を益す。〉。左宰相中将を中宮の陪膳と為す〈権大夫、奉仕せらる。〉。上達部、東孫廂に在り。殿上人、又廂に在り。各、饗有り。是より先、献物百捧・折櫃百合、南広廂に置き列す。殿上の五位・六位、之を取り、御在所に運ぶ〈御殿なり。〉。暫くして、上、出御す。上達部、広廂に候ず。突重を羞む。次いで御膳を供す。右衛門督、陪膳す。大殿、調へらるるなり。右府、陪膳す〈右金吾、退く。〉。右府、御酒を供す。一両巡の後、左府の命に依り、予、紙・筆を取りて参り進み、序題を書かんと欲する間、帥、更に書かる。予、倭歌を書く。左金吾を令者と為す。巡行し、権中納言の許に至る間、又、此の紙・筆を召す。右大臣、天気に依り、又、御酒を供す。左大臣、召しに依りて近く候じ、御盃を給はる。余、御製幷びに大臣と和し奉る。事了りて、還御す。

参レ内、若宮御百日、上御二中宮御方一、余為二若宮陪膳一〈右衛門督被二奉仕一、殿上人四人益レ之、〉、左宰相中将為二中宮陪膳一〈権大夫被二奉仕一〉、上達部在二東孫庇一、殿上人在二又庇一、各有レ饗、先レ是献物百捧・折櫃百合、置二列南広庇一、殿上五位・六位取レ之、運二御在所一〈御殿也、〉、暫上出御、上達部候二広庇一、差二突重一、次供二御膳一、右衛門督陪膳、大殿被レ調也、右府陪膳〈右金吾退、〉、右府供二御酒一、一両巡後、依二左府命一、予取二紙・筆一参進、欲レ書二序題一之間、帥更被レ書、予書二倭歌一、左金吾為二令者一、巡行至二権中納言許一之間、又召二此紙・筆一、右大臣依二天気一、又供二御酒一、左大臣依レ召近候給二御盃一、余御製幷大臣奉レ和、事了還御、

✲十二月二十日、彰子の御在所において敦成親王の百日の儀が行なわれた。和やかに宴が続き、能書の行成が、公卿たちの詠んだ歌の序題を書こうとしていた時のことであった。伊周が行成から筆を取り上げ、自作の序題を書いたのである。その行為だけでも、「人々は怪しんだ」とか（『御堂関白記』）、「満座は頗る傾き怪しむことが有った。

帥（伊周）は自分を丞相に擬した（「儀同三司」という署名のことか）。どうしてたやすく筆を執ったのか。身にはまた、忌諱が有る。思い知っていないようなものである。大抵は無心か」とか（『小右記』）記されているように、公卿層の非難を浴びたのであるが、さらに問題なのは、その内容である。

『本朝文粋』に収められているこの序の中では、敦成を「第二皇子」と呼称し、「隆周の昭王・穆王は、暦数が長い。我が君（一条天皇）もまた、暦数が長い。本朝の延暦（桓武天皇）・延喜（醍醐天皇）は、胤子が多い。我が君もまた、胤子が多い。康なるかな帝道。誰が歓娯しないであろうか」という「私語」が続いている。

一条には敦成の他にも皇子女が多く存在することをアピールしたうえ、「隆周」というのは、道隆・伊周父子を意識したものであろうし、「康なるかな帝道」のうちの「康」は、敦康の名に通じるものである。これは敦成の誕生を祝う宴において、藤原定子所生の皇子女、特に第一皇子である敦康の存在を皆に再確認させようとした、伊周の必死のパフォーマンスだったのであろう（倉本一宏『一条天皇』）。

筆を奪い取られた行成の憤懣は、推し量るべくもないが、そこは行成、怒りを日記に書き付けたりはしていない。一条と道長の和歌に和して、その場を収めている。

◆寛弘六年（一〇〇九）　敦良親王誕生

藤原行成三十八歳（従二位、参議→権中納言・侍従・皇太后宮権大夫）
一条天皇三十歳　内覧兼左大臣藤原道長四十四歳　中宮藤原彰子二十二歳
敦康親王十一歳　敦成親王二歳　敦良親王一歳

・二月一日　厭符、出来／中宮・敦成親王、呪詛される

左大臣（藤原道長）の許に参った。昨日、内裏（一条院）から持って来た呪いの札を示された。「これは帝皇（一条天皇）の后（藤原彰子）に対して、また若宮（敦成親王）に対して行なったものである」と云うことだ。事は多くは記さない。帰った。後に聞いたことには、「播磨介（高階）明順と民部大輔（源）方理は、謹慎に処されて内裏を出た」と云うことだ。

❖左府に詣づ。昨、内より持ち来たる厭符を示さる。「是れ帝皇の后の為、若宮の為に為す所なり」と云々。事、多く載せず。退出す。後に聞く、「播磨介明順・民部大輔方理等、恐みと成して退出す」と云々。

詣㆓左府㆒、被㆑示㆓昨自㆑内持来厭符㆒、是為㆓帝皇之后㆒、為㆓若宮㆒所㆑為也云々、事多不㆑載、退出、後聞、播磨介明順・民部大輔方理等成㆑恐退出云々、

✼正月三十日、何者かが彰子と敦成を呪詛していたことが発覚した。一条天皇が含まれていないことが、摂関政治の本質を示している。「玉」である天皇まで失なっては、元も子もないからである。『政事要略』によると、道長も呪詛の対象になっていた。

　捕えられた藤原伊周の外戚や縁者の勘問日記によると、呪詛は前年の十二月中旬、例の敦成百日の儀の頃から計画され、その理由は、「中宮（彰子）、若宮（敦成）、及び左大臣（道長）がいらっしゃると、帥殿（伊周）が無徳（台無し）でおられる。世間にこの三箇所がおられないように、厭魅し奉った」というものであった。

　この事件によって、特に呪詛に際しては小心な道長は、二月一日、出仕を憚るということを言い出したが、六日になって、やっと気を取り直したようである。ちなみに、

この年の二月には、道長は『御堂関白記』の記事は何も記すことができていない。

二月五日、これらの人々の罪名を勘申せよとの命が下り、一条は二十日、「事の根元は、藤原朝臣（伊周）にある」ということで、伊周の朝参を停めるという決定を下した（『政事要略』）。ただ、事件の関与者が皆、伊周も含め翌年には赦免されていることは、この事件の本質を語っていると言えよう。

・二月二十九日　上日・結政の日数

不不不不不不不不酉〈外記庁、結政所。〉戌〈外記庁、結政所。〉亥〈結政所。〉子〈結政所。〉丑〈結政所。〉不不辰巳午不不酉戌亥子〈結政所。〉丑不不

今月は、上日は十三日〈結政所に六日、外記庁に三日、南所（侍従所）に四日。〉。

❖不不不不不不不不不酉〈庁、結。〉戌〈庁、結。〉亥〈結。〉子〈結。〉丑〈結。〉不不辰巳午不不酉戌亥子〈結。〉丑不不
　上十三〈結に六　庁に三　後に四。〉。

不不不不不不不不不酉〈庁、結、〉戌〈庁、結、〉亥〈結、〉子〈結、〉丑〈結、〉不不辰巳午不不酉戌亥子〈結、〉丑不不
　上十三〈結に六　庁に三　後に四、〉、

✻これはこの二月の行成の上日（内裏への出勤）・結政所（外記庁内の南部にある建物）への出勤・侍従所（外記庁内の南部にある侍従の候所）への出勤の日数をまとめて記したものである。『権記』には何箇所かに見える。蔵人頭時代には宿直の日数も記録していたが、公卿となると、それはほとんど見えなくなる。

　この月は二十九日のうちで十三日の出勤となると、蔵人頭時代に毎日のように出勤と宿直を行なっていたことと比べると、随分と少なくなったなあというのが実感である。たとえば長保二年（一〇〇〇）三月の出勤は二六日、宿直は一二日であった。

　それだけ出世して激務から解放されたのであるが、行成自身の気持ちはどうだった

であろうか。あの権力中枢の間を連絡しながら激務に追われていた日々を懐かしむ気持もどこかにあったのではないかとも想像してしまう。

・三月四日　藤原公任、行成に小野道風の書の鑑定を依頼

「左衛門督（藤原公任）は四条宮（藤原遵子）の許に参られた。贈物が有った。（小野）道風の仮名本二巻で、白い絹織物で包み、白い組紐で結んであった。また、護衛の禄は、判官に絹二疋であった」と云うことだ。「前一品宮（資子内親王）の許に参られた。贈物は無かった」と云うことだ。今朝、四条大納言（公任）の許から、この本が送られてきた。「真偽を判定するように」と云うことだった。

❖「左衛門督、四条宮に参る。送物有り。道風の仮名本二巻、白き薄物に裹む。

白組を以て之を結ふ。又、随身の腰差、判官に二疋」と云々。「前一品宮に参らる。此の事無し」と云々。今朝、四条大納言の御許より、件の本を送らる。「善悪を定むべし」と云々。

左衛門督被㆑参㆓四条宮㆒、有㆓送物㆒、道風仮字本二巻、裏㆓白薄物㆒、以㆓白組㆒結㆑之、又随身腰差、判官二疋云々、前一品宮尓被㆑参、無㆓此事㆒云々、今朝自㆓四条大納言御許㆒被㆑送㆓件本㆒、可㆑定㆓善悪㆒云々、

✻三月四日の臨時除目で、行成は十八歳の藤原道長嫡男頼通とともに権中納言に昇任した。二十歳も年下で摂関家嫡流の頼通と並んでの昇任に、行成としても複雑な思いがあったであろう。しかも頼通は参議も経ずに、いきなり権中納言として議政官となっているのである。すぐにこの頼通が自分を追い抜き、政権担当者になることは、十分に予想されたであろう。

その臨時除目では、公任が権大納言に昇任した。公任は同母姉の皇太后遵子の許に慶賀に赴いたが、その際の贈物として、道風自筆の書の鑑定を行成に依頼してきたのである。道風の書風を継ぎ、道風から書法を授与されたという夢を見るくらいの行成

であればこそ、当代随一の文化人である公任から、このような依頼を受けたのであろう（万寿二年〈一〇二五〉には実資から、空海書の鑑定を依頼されている）。行成がこれを日記に記録したのも、将来、この書の真偽に保証と箔を付けるためなのであろう。これも現在、残っていれば、とんでもない国宝であろうが、残念ながら残されていない。

・十月四日　敦成親王一種物／一条院内裏、焼亡

「若宮（敦成親王）の部屋において、人々が一種の物を出す饗宴が行なわれる」と云うことだ。すぐに参った。夕方になって、左大臣（藤原道長）以下の者は舟に乗られた。私（藤原行成）は還り路であったので、世尊寺に帰った。北山の上に雷の火が有った。世尊寺に到った後、大きな雷があった。ちょっと寝た後、暁の頃になって、（源）則孝朝臣が云ったこと

には、「南方に失火があります」と云うことだ。それは内裏〈一条院。〉であった。走り参った。一条天皇は織部司にいらっしゃった。「二代（醍醐天皇・村上天皇）の日記は皆、焼失した」と云うことだ。これより前、左宰相中将（源 経房）が参った。次に私が参ったのである。一宮（敦康親王）と一品宮（脩子内親王）は、車に同乗して南門にいらっしゃった。都合が悪かったので、内教坊に移した。

❖「若宮の御方に於いて、人々、一種物を出す」と云々。即ち参る。昏に至りて左丞相以下、舟に乗り給ふ。予、還路に依りて寺に帰る。北山の上に雷火有り。寺に到る後、大雷。一寝の後、暁更に及び、則孝朝臣、云はく、「南方、失火あり」と云々。即ち内裏〈一条院。〉なり。走り参る。上、織部司に御す。「二代の御記、焼亡、皆」と云々。是より先、左宰相中将、参入す。次いで余、参るなり。一宮・一品宮、同車して南門に御す。便無きに依りて、内教坊に侍り奉る。

於二若宮御方一、人々出二一種物一云々、即参、至レ昏左丞相以下乗レ舟給、予依二還路一帰レ寺、北山上有二雷火一、到レ寺之後大雷、一寝後及二暁更一、則孝朝臣云、南方失火云々、即内裏〈一条院、〉、走参、上御二織部司一、二代御記焼亡皆云々、先レ是左宰相中将参入、次余参也、一宮・一品宮同車御二南門一、依レ無レ便奉レ侍二内教坊一、

✲この日は敦成親王の御在所（ございしょ）において一種物が開かれ、舟遊びも行なわれるなど、華やかな雰囲気で更けていった。一種物というのは、各出席者が一種類の酒肴（しゅこう）を持参して催した酒宴である。さぞかし趣向を凝らした豪勢な肴（さかな）を準備したことであろう。

その宴が終わり、行成が世尊寺に帰った後、北山に雷があったのに続き、南方にも火事があった。それは何と、一条院内裏であった。内裏造営後も、一条天皇は内裏に還御（かんぎょ）せず、一条院を里内裏としていたのである。

一条と藤原定子（ていし）所生の敦康親王・脩子内親王は避難している。なお、藤原彰子（しょうし）は第二子懐妊（かいにん）中で、六月十九日に土御門第（つちみかどてい）に退出していた（十一月二十五日に第三皇子敦良（あつなが）を産んでいる）。

問題は、一条が常に座右に備えてあった醍醐・村上天皇の二代御記や累代の御物が焼失してしまったことである。この二代に宇多（うだ）天皇の御記を加えた三代御記（さんだいぎょき）は、現在、

原本はもちろん、まとまった写本も残されていないだけに、この焼失は残念である。

この頃、覚運僧都に、今年が一条の寿限であるという夢想があったのであるが、藤原実資は、「ところが今、内裏の火事が有った。すでに禍を転じられたようなものである」と、この焼亡によって一条の禍が転じたとの解釈を示している（『百練抄』所引『小右記』）。

一条院故地

土御門第故地

・十二月二日　藤原伊成、藤原能信に凌辱され、出家

辰刻（午前七時－九時）、（藤原）是高が、少将（藤原伊成）が出家したということを申した。この少将は昨夜、中宮（藤原彰子）の屋敷において、右兵衛佐（藤原）能信朝臣の為に辱められた。今、それで出家したのである。

❖辰剋、是高、少将、出家の由を申す。此の少将、去ぬる夜、中宮に於いて、右兵衛佐 能信朝臣の為に陵辱せらる、今、以て出家するなり。

辰剋是高申二少将出家之由一、此少将去夜於二中宮一、為二右兵衛佐能信朝臣一被二陵辱一、今以出家也、

✤十一月二十九日に行なわれた皇子敦良五夜の産養の時のことであった。藤原道長の四男である能信が宴席で伊成を陵轢した。伊成はその責めに堪えず、笏で能信の肩を

打ったが、蔵人の藤原定輔が縁から伊成を突き落とした。能信は従者を召し集めて、伊成を殴り、髪を執って打擲させ、また踏み臥して松明で打った（『御産記〈小右記〉』）。その辱めに堪えられず、翌十二月一日に、伊成は出家したのである。伊成は藤原義懐の男で、先に行成に夢想で告げたうえで出家した成房の異母弟である。行成には従兄弟にあたる。行成は伊成に何くれとなく心遣いをしてきたという（黒板伸夫『藤原行成』）。能信の方は、道長の男とはいっても源明子の所生であればこそ、源倫子腹の彰子が産んだ皇子の産養の席で、鬱屈していた感情が爆発したのであろう。

伊成の出家を聞いた藤原実資は、「長年、自分は子孫の無いのを愁えていたが、伊成を見ると、かえってこの方が嘆きとなる」と、その感想を記している（『御産記〈小右記〉』）。

◆寛弘七年（一〇一〇）　一条天皇の名代で石山詣

藤原行成三十九歳（従二位、権中納言・侍従・皇太后宮権大夫）　一条天皇三十一歳　内覧兼左大臣藤原道長四十五歳　中宮藤原彰子二十三歳　敦康親王十二歳　敦成親王三歳　敦良親王二歳

・二月十八日　鴨院における濫行／うわなり打

鴨院（為尊親王室）から忠光が走ってきて、申して云ったことには、「西対に乱行が起こりました。これは左大殿（藤原道長）の子息の権中将（藤原教通）の護衛と下女三十人ほどが乱入してきたのです」と云うことだ。これはあの君（教通）の乳母である蔵命婦の仕業である。そこで左大臣（道長）の許に参って、事情を申した。すぐに護衛たちを差し遣わした。私（藤原行成）もまた、あの院に向かった。西対の故（源）兼業の妻が居住す

る所である。祭主（大中臣）輔親が、この何日か泊まっていた。嫉妬の為に、あの命婦が人を差し向けたのである。内部の財産や様々な物は破損した。極めて非常である。

❖鴨院より忠光、走り申して云はく、「西対に濫行有り。是れ左大殿の権中将の随身幷びに下女三十人ばかり、入り乱る」と云々。是れ彼の君の乳母蔵命婦の作す所なり。仍りて左府に参り、案内を申す。即ち御随身等を差し遣はす。余、亦、彼の院に向かふ。西対の故兼業の妻、居る所なり。祭主輔親、日ごろ寄宿す。嫉妬の為に彼の命婦、人を送るなり。内の財雑物、破損す。極めて非常なり。

自二鴨院一忠光走申云、西対有二濫行一、是左大殿権中将随身幷下女三十人許入乱云々、是彼君乳母蔵命婦所レ作也、仍参二左府一申二案内一、即差二遣御随身等一、余亦向二彼院一、西対故兼業妻所レ居也、祭主輔親日者寄宿、為二嫉妬一彼命婦送レ人也、内財雑物破損、極非常也、

＊「うわなり打」とは、離縁された前妻が後妻に嫌がらせをする習俗である。前妻が憤慨して、親しい女子をかたらって後妻を襲撃し、後妻の方でも親しい女子を集めて防戦に努めたという、まことに恐ろしい風習である。平安時代から始まり、戦国時代に盛んになった。

『権記』に見える寛弘七年二月十八日の例は、本格的な「うわなり打」である。鴨院の西対に居住していた故兼業の妻の許に、歌人として有名な大中臣輔親が寄宿していたので、輔親の妻である蔵命婦が嫉妬のために人を差し向けたのである。輔親は当時、すでに五十七歳である。

この蔵命婦は、二年後の長和元年（一〇一二）二月二十五日にも「うわなり打」を起こしている。輔親の宅である六条院を襲撃したというのである（『御堂関白記』）。輔親の方にも問題はあるのであるが、よくよく嫉妬深い女性のようである。なお、『御堂関白記』の「宇波成打」という言葉が、文献上の「うわなり打」という語の初例であろう（倉本一宏『藤原道長の日常生活』）。

・三月二十日　一条天皇に石山詣を報告／一条天皇、石山寺から僧が如意輪観音経を持参する夢想

内裏に参った。一条天皇の御前に控えた。先日、賜わった祈願の趣旨を、皆、お祈りしたこと、その際の夢想、また祈願の為に一万巻の寿命経を読ませた事を申した。天皇がおっしゃって云ったことには、「汝（藤原行成）の申したことと同じように、その石山寺の祈願の際、私（一条天皇）も夢を見たことが有った。石山寺から僧が来て、如意輪観音経を持って来た」と云うことだ。この言葉を聞いたところ、感悦はこの上なかった。すぐに中宮（藤原彰子）の部屋に参った。左大臣（藤原道長）がおられた。

❖内に参る。御前に候ず。先日、給はる所の御祈の趣き、具さに祈り申し、其の夢想幷びに御祈の為、一万巻の寿命経等を転読せしむる事を申す。仰せて云はく、

「汝の申すがごとく、彼の石山の祈願の間、夢を見ること有り。石山より僧有りて如意輪観音経を持ち来たる」と云々。綸命を承る処、感悦、極まり無し。即ち中宮の御方に参る。左府、坐す。

参レ内、候二御前一、申下先日所レ給御祈趣具祈申、其夢想幷為二御祈一令レ転二読一万巻寿命経等事上、仰云、如二汝申一彼石山祈願之間、有レ見レ夢、自二石山一有レ僧持二来如意輪観音経一云々、承二綸命一之処、感悦無レ極、即参二中宮御方一、左府坐、

＊この年一月二十八日の藤原伊周の死去という事態を承け、一条天皇は敦康親王の処遇について、さぞや心を悩ませていたところであろう。そのことと関係するのであろう、三月十一日、一条は御祈のために行成を近江の石山寺に遣わした。行成は如意輪観音像の前で祈り、翌十二日、讃岐円座数百枚の上に臥すという夢を見た。帰京した行成が、二十日にこの夢想のことを一条に奏上すると、何と一条の方も、同じ日に石山寺から僧が如意輪観音経を持ち来たった夢を見ていたのであった。

感悦した行成は、早速、彰子の許に参り、これを伝えようとした。敦康を引き取って養育していた彰子も、敦康の立太子を望んでいたのである。するとそこに道長がい

た。一条の延命のみならいざ知らず、敦康立太子に関する祈願となると、道長に知られるわけにはいかず、行成は驚いたことであろう（倉本一宏『一条天皇』）。

・六月四日　東宮居貞親王、相撲御覧・朝拝・即位式について語る

皇太子（居貞親王）の許に参った。御前に控えた。おっしゃって云ったことには、「故入道摂政（藤原兼家）が在世の時、皇太子の許において童相撲が行なわれ、夕方に及んだ。現在の右大臣（藤原顕光）が、その時、中納言として座にいて云ったことには、『御簾を巻き上げてこれを見られても、何事が有るでしょうか』と。摂政は、それではいけないということをおっしゃった。その明年、相撲節会に参上した。現在の一条天皇は、まだ元服されていなかった。相撲は夕方に及び、事情を天皇に申しあげて、御簾を巻き上げた。故左大臣（源　雅信）が戯れて言ったことには、『軽々

しいことである』と。摂政が云ったことには、『天皇がまだ元服されていない時には、この例は有る』と云うことだ。ところが先年、また参上した時、天皇は元服された後であった。現在の左大臣（藤原道長）は、事情を天皇に申しあげて、御簾を巻き上げた。事は前に聞いたところと違う」と云うことだ。「また、元日の朝拝を行なわれる際、また即位式の際に竜尾道の上に立てる八咫烏の幢は、先年の朝拝の際には北に向けて立てた。故摂政大臣（兼家）が在世の時に談られただけであるが、『南に向けて立てる』と云うことだ。私（居貞親王）は性来、愚鈍ではあるが、この言葉を忘れない。その朝拝の後、故左将軍（藤原済時）が云ったことには、『今回の朝拝では、八咫烏を北に向けて立てる』と。事はすでに違例であった。そこで憚るところは有ったのではあるが、傍らの公卿に語って云ったことには、『何れの方角に向けるべきなのであろうか』と。故入道関白（藤原道隆）が、その時、篝火を執って云ったことには、『このように立てるべきでしょう。そこで道理を述べることは、意味の無いことです』と云うことだ。私はすぐに故摂政（兼家）の仰せを伝えた。『感動の様子が有った』と云うことだ。『主上が輿に乗られるのは、母屋の中央の間からである』と云うことだ。これもまた、故摂政の語ったことである」と。

❖東闈に参る。応に松容に侍らしむべし。仰せて云はく、「故入道摂政、在世の時、東宮に童相撲有り、晩景に及ぶ。当時の右丞相、彼の時、納言たりて座に在りて曰はく、『御簾を巻きて之を覧るに、何事か有らんや』と。摂政、然るべからざる由を示す。其の明年、相撲に参上す。当時の聖上、未だ冠を御さず。事、晩景に及び、事の由を奏し、御簾を巻く。故左丞相、戯れて言はく、『軽々たり』と。摂政、曰はく、『上、未だ冠を御し給はざる時、此の例有り』と云々。而るに前年、亦、参上の時、主上、冠を御する後なり。当時の左丞相、事の由を奏し、御簾を巻く。事、前聞に違ふ」と云々。「又、朝拝幷びに御即位に竜尾道の上に立たしむる八咫烏、先年の朝拝に北に向けて立つ。故摂政大臣、在世の時、言談在るのみに、『南に向けて之を立つ』と云々。性、愚鈍たりと雖も、此の言を忘れず。彼の朝拝の後、故左将軍、云はく、『此の度の朝拝、烏、北に向けて立つ』と。事、已に違例。仍りて憚る所有りと雖も、傍らの上達部に語りて云はく、『何方に向くべきや』と。故入道関白、彼の時、栖を秉りて云はく、『此くのごとく立つべきなり。仍りて理を陳ぶること、益無し』と云々。即ち故摂政の命を示す。『感悦の気有り』と云々。『主上、輿に御する間、母屋の中央の間より』と云々。此れ又、故摂政、語るなり」と。

参東闈、応令侍松容、仰云、故入道摂政在世之時、東宮有童相撲、及晩景、当時右丞相彼時為納言在座曰、巻御簾覧之、有何事哉、摂政示不可然之由、其明年相撲参上、当時聖上未御冠、事及晩景、奏事之由巻御簾、故左丞相戯言、軽々也、摂政曰、上未御冠給之時、有此例云々、而前年亦参上之時、主上御冠後也、当時左丞相奏事由巻御簾、事違前聞云々、又令朝拝幷御即位立竜尾道上八咫烏、先年朝拝向北立、故摂政大臣在世之時言談在耳、向南立之云々、性雖愚鈍、不忘此言、彼朝拝之後、故左将軍云、此度朝拝烏向北立、事已違例、仍雖有所憚、語傍上達部云、可向何方乎、故入道関白彼時秉栖云、如此可立也、仍無益陳理云々、即示故摂政命、有感悦之気云々、主上御輿之間、自母屋中央間云々、此又

故摂政語也、

✿この日、行成は東宮居貞親王の許を訪れ、先日、賜わった続紙に手本を書いて献上したが、そのついでに、居貞は「雑事（様々な事）」を語った。行成はこれを、「別紙に云はく」として記録している。久々に「宮廷の秘事」に関わる記事となったのである。

この時、居貞は、かつて永延二年の童相撲や永祚元年・寛弘二年の相撲節会の際に御簾を巻いたか否か、また正暦元年の一条天皇の即位式と正暦四年の元日朝拝に際して、日月像や四神の幡と並べて竜尾道の上に立てた八咫烏の幢の向きに関して、兼家から聞いた言葉というのを行成に語っている。政治の運営に積極的な居貞には、すでに自身の即位に対する意識が芽生え始めていたのであろう（倉本一宏『三条天皇』）。

そのことと関連するのであろう、この頃から、道長が居貞の許を頻繁に訪れるようになっている（『御堂関白記』）。一条の譲位、すなわち居貞の即位が、すでに道長の政治日程に組み込まれていたのであろう。

・八月十三日　一条天皇、国史編修を命ず

頭中将（藤原公信）が大臣（藤原道長）に、一条天皇の言葉を伝えて云ったことには、「国史を編修することは、久しく絶えている。作り継ぐべきであるという事を審議するように」と。公卿たちが申したことには、「外記に命じて、先例を調べさせて、定め行なわれるべきである」と。このことを天皇に申しあげた。天皇がおっしゃったことには、「審議したことによれ」と云うことだ。すぐに大外記（菅野）敦頼朝臣に命じられた。

❖頭中将、大臣に仰す、「国史を修すること、久しく絶ゆ。作り続ぐべき事を定め申すべし」と。諸卿、申す、「外記をして先例を勘申せしめ、定め行なはるべし」と。此の旨を奏聞す。「定め申すに依れ」と云々。即ち大外記敦頼朝臣に仰せらる。

頭中将仰二大臣一、修二国史一久絶、可二作続一之事可二定申一、諸卿申、令三外記勘二申先例一、可レ被二定行一、奏二聞此旨一、依二定申一云々、即被レ仰二大外記敦頼朝臣一、

✻一条天皇は、六国史（りっこくし）の後に編纂（へんさん）が企画されていた『新国史（しんこくし）』の編修が途絶していたことを踏まえ、国史編修のことを議させた。このことは、『権記（ごんき）』にしか見えない。しかし、このことがその後、議題に上ったことはなかった。一条が国史編纂による自王統の正当化をはかりたいと考えたものの、複雑な政治情勢の中でこの編纂再開が実現しなかったという見方もある（細井浩志『古代の天文異変と史書』）。

結局、我が国の国史は六国史で途絶え、替わって貴族個人によって古記録（こきろく）が記されるようになったのである。

◆寛弘八年（一〇一一）一条天皇に敦成立太子を進言

藤原行成四十歳（従二位、権中納言・侍従・皇太后宮権大夫）一条天皇三十二歳　三条天皇三十六歳　内覧兼左大臣藤原道長四十六歳　中宮藤原彰子二十四歳　敦康親王十三歳　敦成親王四歳　敦良親王三歳

・五月二十七日　一条天皇、敦康親王立太子について行成に諮問／行成、敦成親王立太子を進言／一条天皇、忍び難い仰せ／道長、一条天皇崩御の占文を見て涕泣。一条天皇、これを見て病悩を重くする／道長、これらを中宮に隠匿。中宮、道長を恨む

私（藤原行成）は病気となっていたのではあるけれども、籠っていることは都合が悪い。我慢して内裏に参った。一条天皇の病気を除く為に、今日

から三箇日を限って、仁王経の不断御読経を行なわれる。香を配って歩いた。御読経がまだ始まらない前に、天皇からお呼びが有った。御前に控えた。おっしゃって云ったことには、「譲位するということは、すでに決定された。一親王（敦康親王）については、如何すべきであろうか」と。すぐに天皇に申しあげて云ったことには、「この皇子（敦康親王）の事について、思い嘆かれるところは、まことに当然のことです。そもそも忠仁公（藤原良房）は、寛大な長者でした。昔、水尾天皇（清和天皇）は文徳天皇の第四皇子でした。文徳天皇は、愛妃紀氏（静子）の産んだ第一皇子（惟喬親王）を、その母への愛情によって、また寵愛されていました。帝（文徳天皇）は嫡子であるというので、惟喬親王に皇統を嗣がせようという志が有りました。ところが第四皇子（惟仁親王）は、外祖父の忠仁公が朝家の重臣であるという理由で、遂に皇太子となることができたのです。今、左大臣（藤原道長）はまた、現在の重臣外戚、その人であります。外孫である第二皇子（敦成親王）を定めて皇太子としようと思われるのは、最も当然のことです。今、天皇が、嫡子であることによって第一皇子（敦康親王）を皇太子としようと思われたとしても、大臣（道長）は、必ずしもすぐには承諾しません。現に病気となられたのですから、時代は、たちまち変事が、もしかしたら嗷々とするでしょう。弓矢を得ないようなものであるならば、議において益の無いものです。いたずらに天皇の心を悩ませるわけにはいきません。仁和先帝（光孝天皇）は運が有ったので、老年に及びましたけれども、遂に帝位に登りました。恒貞親王は、初めは皇太子として即位に備えていましたが、終わりには棄て置かれました。前代の成功と失敗は、大体このようなものです。このような大事は、ただ皇祖の神（天照大神）に任せて、あえて人力の及ぶところではないものです。ただし、（この皇子（敦康親王）については、故皇后宮（藤原定子）の外戚高階氏の先祖（高階師尚）は、斎宮（恬子内親王）の事件の、その末裔の者であることによって、皆、和らぐことはないのです。今、皇子の為に怖れるところが無いわけではありません。よく伊勢大神宮に祈り謝られるべきです。）それでもなお、憐れむ意向がおありになるのでしたら、年官・年爵や年給の受領の吏を賜い、一、二人の宮臣に恪勤の便宜を得させれば、これが良策でしょう」ということだ。これもまた、去年の春から一、二年来、お目通りが有る度に、おっしゃられていたものであって、また私が申しあげていた趣旨である。すぐに天皇が重ねておっしゃって云われたことには、「汝（行成）は、このことを左大臣に伝えるか、如何か」と。すぐに天皇に申しあげて云ったことには、「あれこれ、ご命令に随います。ただし、このような事は、意向の趣旨を直接、仰せ事として賜わるべきでしょうか」と。そこで天皇の許容が有った。まだ天皇の御前に参らない頃、清涼殿の台盤所の辺りにおいて、女房たちが悲しんで泣いている声が有った。驚いて問うたところ、兵衛典侍が云ったことには、「病気は特に重いわけではありませんのに、急に時代の変が有ることになってしまいました」と云うことだ。そこで女官が愁い嘆いていたのである。この頃、天皇は座に出てこられた。仰せを蒙ったところ、仰せの際に忍び難い事が有った。「今朝、左大臣は皇太子（居貞親王）の許に参って、譲位の事情を申された」と云うことだ。「この事は、昨日から発議されたものである」と云うことだ。（大江）匡衡朝臣の易筮に云ったことには、「豊の明夷（明らかなものが破られる卦）、豊卦は不快である」と云うことだ。占った者が伝えて云ったことには、「この卦は、延喜（醍醐天皇）と天暦（村上天皇）が、病気が終わった際（死去）に、共に遇ったものです。それのみならず、今年は移変の年に当たります。特に慎しまれなければならないということを、去年の春、天皇に申しあげたところです」と云うことだ。「これらの結果を左大臣は覚悟して、清涼殿の二間において権僧正（慶円）と占文を見、共に泣いてしまった。その時、天皇は寝所の内にいらっしゃり、几帳の帷の継ぎ目からこの事を御覧になって、疑い思われる事が有った〈『病気が重くなって、死去されるであろう』という趣旨である。〉。それで病気は、ますます重くなってしまわれた。その時に、この譲位の議が起こった」と云うことだ。「昨日は重日の忌み日であったので、今朝、この事情を伝えた」と云うことだ。

後に聞いたところによると、「后宮（藤原彰子）は、大臣を怨まれた」と云うことだ。この事情を皇太子に伝える為に、天皇の御前から参られた路は、中宮（彰子）の宿所の前を通るものであった。たとえこの議を承ったとしても、言うべきではない何事があろうか。事はこれは大事である。あるいは隔て無く伝えられるべきである。「ところが中宮に隠そうとする為に、告げられた趣旨を伝えられることは無かった」と云うことだ。この間の事は、はなはだ多かったけれども、これを子細に記すことができないだけである。

❖所労有りと雖も、籠居すること、便無し。相扶けて内に参る。御悩消除の為に、今日より三日を限り、仁王経不断御読経を行なはる。行香有り。御読経、未だ始まらざる前、召し有り。御前に候ず。仰せて云はく、「譲位すべき由、一定、已に成る。一親王の事、如何すべきや」と。即ち奏して云はく、「此の皇子の事、思し食し嘆く所、尤も然るべし。抑も忠仁公、寛大の長者なり。昔、水尾天皇は、文徳天皇の第四子なり。天皇、愛姫紀氏の産む所の第一皇子を、其の母の愛に依り、亦、優寵せらる。帝、正嫡を以て皇統を嗣がしむる志有り。然れども第四皇子、外祖父忠仁公、朝家の重臣たる故を以て、遂に儲弐たるを得。今、左大臣は亦、当今の重臣外戚、其の人なり。外孫の第二皇子を以て、定めて応に儲宮と為さんと欲すべきは、尤も然るべきなり。今、聖上、嫡を以て儲と為さんと欲すと雖も、丞相、未だ必ずしも早く承引せず。当に御悩有るべくは、時代、忽ち変事、若しくは嗷々とす。弓矢を得ざるがごとくんば、議に於いて益無し。徒らに神襟を労かしむべからず。仁和先帝、皇運有るに依り、老年に及ぶと雖も、遂に帝位に登る。恒貞親王、始め儲弐に備ふるも、終に棄て置かる。前代の得失、略ぼ以て此くのごとし。此くのごとき大事、只、宗廟社稷の神に任せ、敢へて人力の及ぶ所に非ざる者なり。但し（此の皇子、故皇后宮の外戚高氏の先、斎宮の事、其の後胤の者たるに依りて、皆、以て和さざるなり。今、皇子の為に怖るる所無きに非ず。能く大神宮に祈り謝らるべきなり。）猶ほ愛憐の御意有らば、年官・年爵幷びに年給の受領の吏等を給ひ、一両の宮臣をして恪勤の便りを得しめば、是れ上計なり」といへり。是れ亦、去ぬる春より一両年来、雍容有る毎に、仰せらるる所にして、亦、上奏せる所の旨のみ。即ち重ねて勅して曰はく、「汝、此の旨を以て左大臣に仰するや、如何」と。即ち奏して曰はく、「左右、仰せに随ふべし。但し是のごとき事、御意の旨を以て、面ら仰せ事を賜ふべきか」と。因りて天許有り。未だ御前に参らざる間、大盤所の辺りに於いて、女房等、悲泣の声有り。驚き問ふに、兵衛典侍、云はく、「御悩、殊に重きに非ずと雖も、忽ちに時代の変有るべし」と云々。仍りて女官、愁嘆するなり。此の間、主上、昼御座に出御す。仰せを蒙るに、仰せの次いでに忍び難き事等有り。「今朝、左大臣、東宮に参り、御譲位の案内を申さる」と云々。「此の事、昨より発る所なり」と云々。匡衡朝臣の易筮に曰はく、「豊の明夷、豊卦、不快」と云々。占ふ者、相示して云はく、「此の卦、延喜・天暦、御薬、竟はるに、共に遇ふ所なり。しかのみならず、今年、移変の年に当たる。殊に慎しみ御すべき由、去ぬる春、奏する所なり」と云々。「此等の旨、左大臣、覚悟し、二間に於いて権僧正と占文を見、共に以て泣涕す。時に上、夜大殿の内に御し、御几帳の帷の綻びより此の事を御覧じ、疑ひ思す事有り〈『御病、重く困じ、大故有るべきか』の趣きなり。〉。即ち御悩、弥よ重らしめ給ふ。時に此の遜位の議有り」と云々。「昨は重日たるに依り、今朝、此の案内を達す」と云々。後に聞く、「后宮、丞相を怨み奉り給ふ」と云々。此の案内を東宮に達せんが為、御前より参らるる道、上御廬の前を経。縦ひ此の議を承ると雖も、何事か云ふべきに非ざるや。事、是れ大事なり。若しくは隔心無く示さるべきなり。「而るに隠秘せんが為、告ぐる趣きを示さるること無し」と云々。此の間の事、甚だ多しと雖も、之を子細すること能はざるのみ。

雖レ有二所労一、無レ便二籠居一、相扶参レ内、為二御悩消除一、自二今日一限二三日一、仁王経不断御読経被レ行、有二行香一、御読経未レ始之前有レ召、候二御前一、仰云、可二譲位一之由、一定已成、一親王事可二如何一哉、即奏云、此皇子事所二思食嘆一尤可レ然、抑忠仁公寛大長者也、昔水尾天皇者文徳天皇第四子也、天皇愛姫紀氏所レ産第一皇子、依二其母愛一亦被二優寵一、帝有下以二正嫡一令レ嗣二皇統一之志上、然而第四皇子以二外祖父忠仁公朝家重臣之故一、遂得レ為二儲弍一、今左大臣者亦当今重臣外戚其人也、以二外孫第二皇子一定応レ欲レ為二儲宮一、尤可レ然也、今聖上雖レ欲二以レ嫡為一レ儲、丞相未二必早承引一、当レ有二御悩一、時代忽変事若嗷々、如レ不レ得二弓矢一之者、於レ議無レ益、徒不レ可レ令レ労二神襟一、仁和先帝依レ有二皇運一、雖レ及二老年一遂登二帝位一、恒貞親王始備二儲弐一、終被二棄置一、前代得失略以如レ此、如レ此大事只任二宗廟社稷之神一、非二敢人力之所一レ及者也、但（此皇子、故皇后宮外戚高氏之先、依三斎宮事為二其後胤之者一、皆以不レ和也、今為二皇子一非レ無レ所レ怖、能可レ被レ祈二謝大神宮一也、）猶有二愛憐之御意一、給二年官年爵幷年給受領之吏等一、令三一両宮臣得二恪勤之便一、是上計也者、是亦自二去春一一両年来、毎レ有二雍容一、所レ被レ仰、亦所二上奏一之旨耳、即重勅曰、汝以二此旨一仰二左大臣一哉、如何、即奏曰、左右可レ随レ仰、但如レ是之事、以二御意旨一、面可レ賜二仰事一歟、因有二天許一、未レ参二御前一間、於二大盤所辺一女房等有二悲泣之声一、驚問、兵衛典侍云、御悩雖レ非二殊重一、忽可レ有二時代之変一云々、仍女官愁嘆也、此間主上出二御昼御座一、蒙レ仰、々次有二難レ忍之事等一、今朝左大臣参二東宮一、被レ申二御譲位案内一云々、此事自レ昨所レ発也云々、匡衡朝臣易筮曰、豊之明夷、豊卦不快云々、占者相示云、此卦延喜・天暦竟二御薬一、共所レ遇也、加レ之今年当二移変之年一、殊可二慎御一之由、去春所レ奏也云々、此等旨左大臣覚悟、於二二間一与二権僧正一見二占文一、共以泣涕、于レ時上御二夜大殿内一、自二御几帳帷綻一御二覧此事一、有二疑思之事一〈御病重困可レ有二大故一之歟趣也、〉、即御悩弥令レ重給、于レ時有二此遜位之議一云々、依二昨重日一、今朝達二此案内一云々、後聞、后宮奉レ怨二丞相一給云々、此案内為レ達二東宮一、自二御前一被レ参之道、経二上御廬之前一、縦雖レ承二

此議、非レ可レ云二何事一、々是大事也、若無二隔心一可レ被レ示也、而為二隠秘一無レ被レ示二告之趣一云々、此間事雖二甚多一、不レ能レ子二細之一耳、

✽五月二十二日、一条天皇は病に倒れた（『日本紀略』『御堂関白記』『権記』）。道長は、早くも二十五日には、匡衡に譲位に関わる易筮を行なわせた（『御堂関白記』）。

ところが、道長は大変な失態を犯してしまった。譲位どころか一条崩御の卦が出たという占文を見た道長は崩御を覚悟し、清涼殿二間（一条院内裏北対の南廂）において権僧正慶円とともに泣涕してしまったのである。隣の清涼殿夜御殿（北対の母屋）にいた一条は、御几帳の帷の綻びからこれを見てしまい、自分の病状や道長による譲位の策動を知って、いよいよ病を重くしてしまった（『権記』）。

冷泉・円融両皇統が順番に皇位に即くという迭立状態にあった当時の皇位継承において、一条の次は東宮居貞親王（後の三条天皇）と決まっていたが、その次、つまり一条が譲位した際に定められる新東宮は決められないでいた。一条は、定子との間に生まれた敦康親王（当時十三歳）と、彰子との間に生まれた敦成親王（四歳）のどちらを後継者にするかという選択を保留し続けていたのである。それまで皇后か中宮が産んだ第一皇子が立太子できなかった例はなかった（倉本一宏『一条天皇』）。

一条の意向としては、第一皇子の敦康をまず立太子させ、冷泉系の三条皇子敦明親王を挟んで敦成や敦良親王の立太子を望んでいたはずである。この時点での敦康立太子という選択肢は、別に敦成を排除するものではなく、その立太子を先送りするに過ぎない。

この意向に対しては、いまだ若年の彰子（当時二十四歳）や藤原頼通（二十歳）は、間に敦康を挟んだとしても、敦成の即位を待つ余裕があったであろうが、すでに四十六歳に達していた道長としては、とても待てなかったであろう。敦成を立太子させ、病弱な居貞が譲位して敦成が即位すれば、清和朝の藤原良房、一条朝の藤原兼家に次いで三人目となる外祖父摂政の地位を獲得できるのである。

一条は「昨春」以来、敦康親王家別当で側近の行成に、敦康立太子の可否を諮問していた。この二十七日の朝、譲位のことがようやく一条に達せられ、一条は行成を召し、敦康の立太子について最後の諮問を行なったのである。

一条の心中としては、行成はおそらくは敦康の立太子を支持してくれることを期待していたのであろう。ところが行成は、一条に同情しながらも、いくつもの理由を挙げて敦成立太子を進言し、一条にそれを認めさせた。行成の並べた理屈というのは、以下のとおりである。

第一に、皇統を嗣ぐのは、皇子が正嫡であるか否かや天皇の優寵に基づくのではなく、外戚が朝家の重臣かどうかによるのである。今、道長が「重臣外戚」であるので、敦成を皇太子とすべきである。第二に、皇位というものは神の思し召しによるものであって、人間の力の及ぶところではない。第三に、定子の外戚である高階氏は、「斎宮の事」の後胤であるから、その血を引く敦康が天皇となれば神の怖れがあり、太神宮に祈り謝らなければならない。第四に、帝に敦康を憐れむ気持ちがあるのならば、年官・年爵や年給を賜い、家令でも置けばよろしかろう、というものである。

これらのうち、「斎宮の事」というのは、在原業平が伊勢斎宮の恬子内親王に密通し、生まれた師尚が高階氏の養子となったことを指すのであるが、もちろん事実かどうかは不明である（『伊勢物語』のこの話も、後世の書き入れである可能性が高い）。なお、二〇〇一年に伏見宮本『行成卿記』の原本を調査したところ、「斎宮の事」に関する部分だけが、すべて行間に挿入される形で枠外に記されており、この部分が後世の加筆である可能性も高い（倉本一宏『一条天皇』）。

行成としては、その治世が風前の灯火となっている一条に忠義を尽くすよりも、道長に恩を売っておいた方が得策であるという計算があったのであろう。

これに続けて、一条周辺の状況がいくつか語られている。行成が一条の御前に参る前、台盤所（一条院内裏北対の北廂）のあたりで女官たちの悲泣の声がしたこと、一条が「忍び難い事が有る」と語っていたこと（道長による譲位工作に対する思いか）、これらの動きを秘されていた彰子が道長を怨んだこと、などである。行成は、この日の記事の末尾に、この間の事は子細に記すことができないと記している。他にも様々な動きが存在したことを窺わせる記述である。

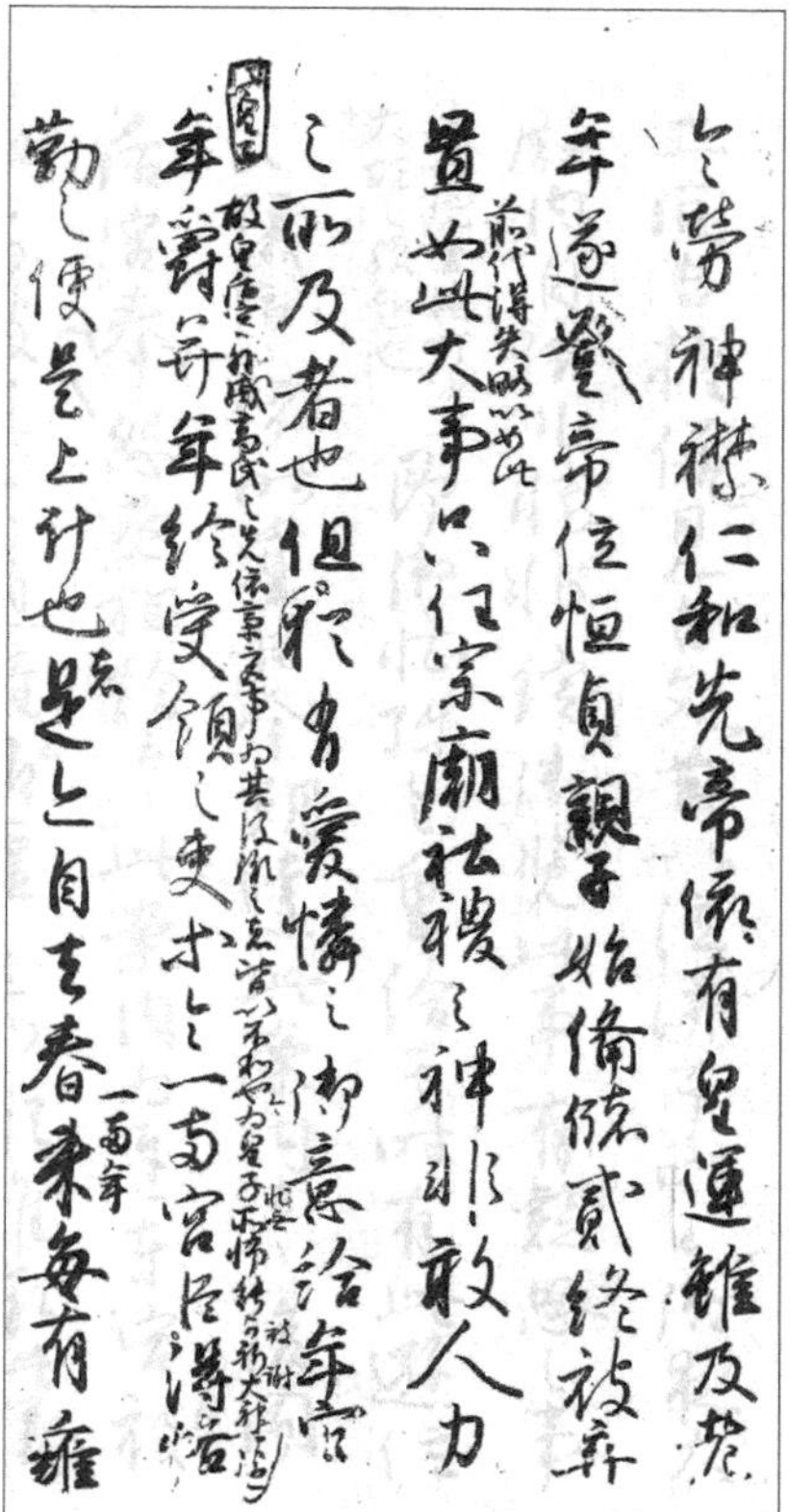

伏見宮本『行成卿記』部分（寛弘八年五月二十七日条、宮内庁書陵部蔵）

・六月九日　叙位／行成、道長の意により昇叙されず

……私（藤原行成）は内裏造営の時、額の字を書いた功績が有って、位を一階、上げられるはずであった。ところが叙位の議の時に、内裏造営の行事の功績によって二位に叙されたので、一度に重ねて申請することができなかった。そこでしばらく、まったく申請することは無かった。今、六条左大臣（藤原実頼）が応和の内裏造営の時、先ず行事の賞に与り、後年、修理職の賞に与った例によって、一階を加えていただきたいということを申請させた。一条天皇に申しあげた右宰相中将（藤原兼隆）が天皇の言葉を伝えて云ったことには、「天皇の恩許が有りました」と云うことだ。そこで位を上げることについては、特に天皇の意向が有ったのである。天皇に申しあげられるべきであるということを左大臣（藤原道長）に申した。天皇に申しあげてお耳に入れてくれるものと思っていた。その後、大臣

（道長）がおっしゃって云ったことには、「天皇は許さなかった。天皇の答は無かった」と云うことだ。私が申請したことが、もしも道理の無いものであったならば、天皇はそのことをおっしゃられるはずである。ところが、まったく天皇の答が無いというのは、秘かに怪しんで気落ちするところである。そこで重ねて中将（兼隆）を介して天皇に申しあげさせたところ、「許さないという様子はありません。許容される意向が有ります」と云うことだ。また、「後に特に賞を賜うということをおっしゃられることが有ります」ということだ。ところが大臣は渋っていた。私の運が及ばなかったのか。人を咎めず、天を恨まないだけである。後に聞いたところでは、春宮大夫（藤原懐平）が云ったことには、「天皇の意向を伝え聞くことが有ったので、事情を左大臣に申した。左大臣がおっしゃったことには、『実は天皇は許容される意向が有った』と云うことであった」と。ところが、執権（道長）の恩が無かったので、賞を待つという道理が有ったのに、それを失ったものである。

❖……造宮の時、題額の功に、一階を叙すべし。而るに叙位の時、行事の功に依りて二位に叙す間、一度に重ねて申すべきに非ず。仍りて暫く一ら申請無し。今、六条左大臣、応和の造宮の時、先づ行事の賞に預かり、後年、修理職の賞に預かる例に因りて、一階を加ふべき由を申さしむ。奏者右宰相中将、勅を伝へて曰はく、「恩許有り」と云々。仍りて加階の事、殊に御用意有り。奏聞せらるべき旨を左大臣に申し、奏達有らんと欲す。其の後、大臣、命せて云はく、「天気、許さず。答無し」と云々。申す所、若し理無くんば、其の由を仰せらるべし。而るに都て勅答無き由、竊かに恠しみ鬱する所なり。仍りて重ねて中将をして奏せしむるに、「許さざる気無し。恩容の色有り」と云々。又、「後に指して賞すべき由を仰せらるる有り」といへり。然れども丞相、難渋す。運の及ばざるか。人を咎めず、天を恨まざるのみ。後に聞くに、春宮大夫、云はく、「院の御気色を伝へ聞くこと有るに依りて、案内を左府に申す。左府、命す、『実は恩容の天気有り』と云々」と。然れども執権の恩無きに依りて、賞を待つ理有るを失ふ者なり。

……造宮之時題額功、可レ叙二一階一、而叙位時依二行事功一叙二二位一間、一度非レ可二重申一、仍暫一無二申請一、今因下六条左大臣応和造宮之時先預二行事之賞一、後年預二修理職賞一之例上、令レ申下可レ加二一階一之由上、奏者右宰相中将伝レ勅曰、有二恩許一云々、仍加階事、殊有二御用意一、可レ被二奏聞一旨申二左大臣一、欲レ有二奏達一、其後大臣命云、天気不レ許、無レ答云々、所レ申若無レ理、可レ被レ仰二其由一、而都無二勅答一之由、竊所二恠鬱一也、仍重令二中将奏一、無二不レ許之気一、有二恩容之色一云々、又後有二指被レ仰可レ賞之由一者、然而丞相難渋、運之不レ及歟、不レ咎二乎人一、不レ恨二乎天一耳、後聞、春宮大夫云、依レ有レ伝二聞院御気色一、申二案内於左府一、々々命、実有二恩容之天気一云々、然而依二執権之無レ恩、失二待レ賞之有レ理者也、

✻一条天皇の治世も風前の灯火となった六月九日、臨時の叙位があった。この時、道長嫡男（ちゃくなん）の頼通（よりみち）は正二位に叙された。行成も正二位に叙されることを申請したのだが、道長の反対で叶（かな）わなかったのである。

　これは寛弘（かんこう）四年（一〇〇七）の内裏造営で、行成は造宮行事（ぞうぐうぎょうじ）を勤めた功と、殿舎（でんしゃ）や門の額を書いた功があったのだが、一度に二つの功を申請できなかったので、造宮行

事の功だけを申請して従二位に叙されたのである。これについては先に述べた。
そこでこの寛弘八年に書額の功を申請したのであった。一条としては、長く側近として仕えてくれた行成に報いたいとの思いがあり、これを認めたかったのであるが、道長が渋ったので、おじゃんになってしまったのである。

道長は行成に、一条からの返答はなかったと嘘を言ったが、後に懐平から聞いたところでは、一条は許容していたのに道長が渋ったとのことを知り、行成としても複雑なところだったであろう。一条の治世はもうすぐ終わるが、道長の政権はこれからも続くということで、その意向に逆らうわけにもいかないといった諦めが、文面からは窺える。

ただ、当時は公卿の最高位は正二位と定まっており（道長嫡妻の源倫子は従一位だったが）、道長をはじめとする三大臣も正二位であったことを考えれば、権中納言に過ぎない行成を正二位とするわけにはいかないといった、道長のバランス感覚もあったのであろう（黒板伸夫『藤原行成』）。行成が正二位に叙されたのは三年後の長和三年（一〇一四）のことであった（相変わらず権中納言であったが）。

・六月十九日　一条院、出家

辰刻（午前七時－九時）、沐浴しようとしていたところ、右宰相中将（藤原兼隆）が一条院の許から伝えて云ったことには、「ただ今、参るように」と。すぐに馳せ参った。出家が行なわれるのである。右大弁（源道方）が仰せを承って、（安倍）吉平朝臣に問うた。吉平が申して云ったことには、「午刻（午前十一時－午後一時）が吉、辰刻が次の吉です」と云うことだ。辰刻は墓時に入る。最も忌まなければならない。病気は重いとはいっても、やはり吉時に出家を行なわれるべきである。ところが吉平が申したことによって、この時に次の吉の説を用いたのは、はなはだ怪しむべきことである。その時、上皇（一条院）は寝所にいらっしゃった。権僧正慶円を戒和尚とし、前権大僧都院源を受戒の阿闍梨とし、権律師懐寿と実誓を唄師とし、権大僧都隆円と前権少僧都尋光が髪を剃った。権律師尋円も、また近く控えていた。また、権大僧都明救も控えていた。左大臣（藤原道長）が髪を洗った。出家が終わって、禄を僧に下賜したことは、それぞれ差が有った。剃った人は事情を知らず、先ず髪を剃り、次に鬚を剃った。ただ髪を除いて鬚を遺した時の人相は、外道（邪教）の様子に似ていた。「そこで先例では、出家の人は先に鬚を剃るのである」と云うことだ。

❖辰剋、浴せんと欲する間、右宰相中将、院より示して云はく、「只今、参るべし」と。即ち馳せ参る。御出家の事有るなり。右大弁、仰せを奉りて吉平朝臣に問ふ。吉平、申して云はく、「午時、吉。辰時、次吉」と云々。辰剋、墓時に入る。尤も忌むべし。御悩、重しと雖も、猶ほ吉時を以て御出家有るべし。而るに吉平の申すを以て、次吉の説を此の時、用ゐるは、甚だ奇しむべし。時に上皇、夜大殿に御す。権僧正慶円を和尚と為し、前権大僧都院源を阿闍梨と為し、権律師懐寿・実誓を唄と為し、権大僧都隆円・前権少僧都尋光、御髪を剃る。権律師尋円、亦、近く候ず。又、権大僧都明救、候ず。左大臣、御髪を沐し奉る。

事了りて、禄を僧に賜ふこと、差有り。剃り奉る人、案内を知らず、先づ御髪を剃り奉り、次いで御鬚を剃る。只、髪を除き鬚を遺す相、外道の体に似たり。「仍りて故実、出家の人、先づ鬚を剃るなり」と云々。

辰剋欲レ浴之間、右宰相中将自レ院示云、只今可レ参、即馳参、有二御出家事一也、右大弁奉レ仰問二吉平朝臣一、々々申云、午時吉、辰時次吉云々、辰剋入二墓時一、尤可レ忌、御悩雖レ重、猶以二吉時一可レ有二御出家一、而以二吉平申一次吉之説用二此時一、甚可レ奇、時上皇御二夜大殿一、権僧正慶円為二和尚一、前権大僧都院源為二阿闍梨一、権律師懐寿・実誓為レ唄、権大僧都隆円・前権少僧都尋光剃二御髪一、権律師尋円亦近候、又権大僧都明救候、左大臣奉レ沐二御髪一、事了賜二禄於僧一有レ差、奉レ剃之人不レ知二案内一、先奉レ剃二御髪一、次剃二御鬚一、只除レ髪遺レ鬚相似二外道之体一、仍故実、出家之人、先剃レ鬚也云々、

✻六月十三日に譲位した一条院は、十四日から病が危急となり、十九日に出家を遂げた。いわゆる臨終出家である。法名は精進覚（『百練抄』『扶桑略記』）。あまりに急な出家だったので法服が間に合わず、あり合わせのものを着るしかなかった。出家の後には病が快方に向かったというのも（『御堂関白記』）、彼らの気持ちを表わしているの

であろう。

また、信じがたい話であるが、一条の髪を剃った高僧たちが事情に疎く、まず髪を剃り、次いで鬚を剃ってしまったため、髪だけ剃って鬚が遺っていた時の人相が、外道（邪教。人に災厄をもたらす悪魔、また邪悪の相を表わした仮面とも）に似ていたという。なお、天皇の臨終出家というのは、陽成・醍醐・朱雀に次いで四人目のことであるが、譲位直後の臨終出家は醍醐に次ぐ二人目である（倉本一宏『一条天皇』）。

・六月二十一日　一条院、最期の言葉／一条院、辞世の歌を詠む／行成、定子に詠むと解す

一条院の許に参った。お呼びによって、近くに控えた。水を供した。一条院がおっしゃって云ったことには、「最も嬉しい」と。更に呼び寄せ、云われたことには、「私（一条院）は生きているのか」と。そのおっしゃられ

た様子は、尋常でおられないようであった。昨夕、病気によって、近習の公卿たちや侍臣、また高僧や内供といった僧たちは、各々、三交代で見守った。病気は頼りが無かった。亥刻（午後九時－十一時）の頃、一条院は、しばらく起き上がり、歌を詠んで云われたことには、「露の身のような私が、風の宿に君（藤原彰子）を置いて、塵のような世を出る事が悲しい」と。その志は、皇后（藤原定子）に寄せたものである。ただし、はっきりとその意味を知ることは難しい。その時、側にいた公卿や侍臣、僧俗の男女でこれを聞いた者は、涙を流さない者はなかった。

❖院に参る。召しに依りて、近く候ず。御漿を供す。仰せて云はく、「最もうれし」と。更に召し寄せ、勅して曰はく、「此れは生くるか」と。其の仰せらるる気色、尋常に御さざるに似る。去ぬる夕、御悩に依り、近習の諸卿・侍臣并びに僧綱・内供等、各三番を結へ、護り奉る。御悩、頼り無し。亥剋ばかり、法皇、暫く起き、歌を詠みて曰はく、「露の身の風の宿りに君を置きて塵を出でぬる事そ悲しき」と。其の御志、皇后に寄するに在り。但し指して其の意を知り難し。時に近侍せる公卿・侍臣、男女道俗の之を聞く者、之が為に涙を流さざるは莫し。

参レ院、依レ召近候、供ニ御漿一、仰云、最宇礼之、更召寄勅曰、此者生歟、其被レ仰気色似レ不レ御ニ尋常一、去夕依ニ御悩一近習諸卿・侍臣幷僧綱・内供等各結ニ三番一奉レ護、御悩無レ頼、亥剋許法皇暫起、詠レ歌曰、露之身乃風宿爾君乎置天塵を出ぬる事會悲支、其御志在レ寄ニ皇后一、但難三指知ニ其意一、于レ時近侍公卿・侍臣男女道俗聞レ之者、為レ之莫レ不レ流レ涙、

✽一条院は六月二十一日、ついに「御病悩は頼りが無い」という状況に陥った。召しによって近く候じた行成が飲み物を供すると、一条は「最も嬉しい」と言った。かつてもっとも信頼する側近ではあったものの、藤原彰子立后、敦成親王立太子と、藤原道長の栄華を決定づける選択を一条に迫ったのも、この行成であったが、一条の心情は、いかがなものだったのであろうか。一条は行成をさらに側近く召し寄せ、「自分は生きているのだろうか」と語っている。これが一条の最後の言葉となった。深夜、一条は身を起こし、彰子も側に候じるなか、辞世の御製を詠み、再び臥すと

人事不省となった。聞く人は皆、「流泣(りゅうきゅう)、雨のごとし」という状態となったという。重要なのは、行成がこの歌を、定子に対して詠んだものと解していることである。歌意からは、「この世に君を置いて俗世(ぞくせ)を出ていくことが悲しい」というのであるから、「君」はまだ生きていて、しかもこの歌を聞いている彰子のこととしか考えられない。しかし、行成は日記の中で「中宮(ちゅうぐう)」彰子と「皇后」定子をきちんと使い分けており、一条が辞世を詠んだ対手(あいて)を定子と認識しているのである。かつて彰子を中宮とした（つまり定子を皇后とした）際に決定的な役割を果たした行成であればこそ、その思いは複雑だったのであろう（倉本一宏『一条天皇』）。

伏見宮本『行成卿記』（寛弘八年六月二十一日条、宮内庁書陵部蔵）

・六月二十二日　一条院、崩御

卯刻（午前五時－七時）、一条院に参った。近く枕元に控えた。一条院の病気が危篤であったので、心の中で、秘かに阿弥陀仏が極楽に連れて行くことを念じた。上皇（一条院）も時々また、念仏を唱えられた。権僧正（慶円）や僧都深覚・明救・隆円・院源・尋光、律師尋円が、また近くに控えて念仏を唱えた。僧正（慶円）は修行の妨げとなる悪魔を追い払う為に、ただ祈禱を奉仕した。辰刻（午前七時－九時）、臨終の様子が有った。そこで左大臣（藤原道長）は、右大臣（藤原顕光）以下の者に命じて、皆を建物から下りさせた。「しばらくして、蘇生された」と云うことだ。すぐに公卿たちは参上した。

午刻（午前十一時－午後一時）、上皇の気配は絶えた。左大臣（道長）の命によって、下官（藤原行成）は初め、穢に触れなかった。よく考えを廻らしてみると、穢に触れなければ出仕することができるという道理は無い。すぐに触穢の事情を申した。

❖卯剋、院に参る。近く床下に候ず。御悩、危急に依りて、心中、竊かに弥陀仏、極楽に廻向し奉るを念じ奉る。上皇、時々、又、念仏す。権僧正 并びに僧都深覚・明救・隆円・院源・尋光、律師尋円等、又、近く候じ、念仏す。僧正、魔障を追はんが為、只、加持を奉仕するなり。辰剋、臨終の御気有り。仍りて左大臣、右大臣以下に示し、皆、殿を下らしむ。「暫くして、蘇生せしめ給ふ」と云々。即ち諸卿等、参上す。午剋、上皇の気色、絶ゆ。左丞相の命に依り、下官、初め穢あらず。倩ら思慮を廻らすに、穢あらずして出仕すべき理 無し。即ち触穢を案内し申す。

卯剋参㆑院、近候㆓床下㆒、依㆓御悩危急㆒、心中竊奉㆑念㆓弥陀仏奉㆑廻㆓向極楽㆒、上皇時々又念仏、権僧正幷僧都深覚・明救・隆円・院源・尋光、律師尋円等、又近候念仏、僧正為㆑追㆓魔障㆒只奉㆓仕加持㆒也、辰剋有㆓臨終御気㆒、仍左大臣示㆓右大臣以下㆒皆令㆑下㆑殿、暫

之、令二蘇生一給云々、即諸卿等参上、
午剋上皇気色絶、依二左丞相命一、下官初不レ穢、倩廻二思慮一、不レ穢無下可二出仕一之理上、即
申レ案二内触穢一、

✻六月二十二日、一条院は一条院中殿（清涼殿。一条院内裏の北対）において、念仏を唱えながら、死の時を迎えた。辰剋に臨終の気配があり、しばらくすると蘇生したものの、数時間後の午剋、ついに崩御したのである。三十二歳。

阿弥陀仏が極楽に廻向することを念じて近く伺候していた行成に対し、道長は、一条の側に伺候したいと希望する者が多かったにもかかわらず、行事があるという理由で、臨終に候じさせなかったのである（『御堂関白記』）。官人たちが死穢に触れるのを避けるためであろうが、新時代に立ち向かおうとする道長の面目躍如といったところであろう（倉本一宏『一条天皇』）。

なお、この時の一条の念仏と蘇生は、やがて『続本朝往生伝』をはじめとする数々の説話に採りあげられることになる、日本宗教史上の重大事件なのであった。

・七月十二日　亡母源保光女・外祖父源保光の遺灰を鴨川に流す／一条天皇崩御・山陵卜占の夢想

暁方、松脂と油で遺骨を焼いて灰塵とした。すぐにその灰を小桶に入れて、鴨川に到った〈近衛御門大路の末に当たる。〉。これを投げて川に入れ、海中に流させた〈時に辰刻（午前七時－九時）の頃であった。〉。少し祓い清めて、帰宅した。

夏の末に夢を見た。天気は大雪であった。その時、はなはだ寒かった。その雪は天から降って、板敷に満ちた。よく考えてみると、天から降ったのは、一条天皇の死去に遭うという予兆だったのである。建物の上に満ちて足で踏んだというのは、私（藤原行成）自らこの夜の事を行なうということであった。俗に夏の雪の夢を穢れたしるしとするのである。或る者はまた、「検非違使が多数、天から降ってくるのを夢に見た。腰掛を鳥辺野に立て、共にこれに坐り、陵墓の地を占った」と云うことだ。その時は、一条院の病気の頃であった。死去に当たって、夢のしるしとした。ところが、吉い方角を選んだので、この地を占わなかった。その後、冷泉院上皇が九月朔日から病気となられ、十月二十四日、遂に死去された。来月十六日、葬送が行なわれる。「その所はこの野となるであろう」と云うことだ。およそ夢想には、また別の説が有る。また、信じることはできないけれども、不思議なことには兆しが有る。また凡人の通信なのであろうか。

❖暁更、松脂并びに油等を以て、遺骨を焼きて灰塵と成さしむ。即ち其の灰を小桶に入れ、鴨川に到る〈近衛御門路の末に当たる。〉。之を投げ水に流し、海中に入れしむ〈時に辰剋ばかり。〉。小し解除し、宅に帰る。

夏の末に夢みる。天、大雪。時に甚だ寒し。其の雪、天より降り、板敷に満つ。倩ら之を思ふに、天より降るは、天皇の御晏駕に遭ふなり。堂上に満ちて足踏むは、躬自ら此の夜の事を行なふなり。俗に夏の雪の夢を以て穢徴と為すなり。或る者、又、「検非違使、多く天より降るを夢みる。床子を鳥戸野に立て、共に之に坐し、山陵を卜す」と云々。時に一条院、御悩の間なり。崩御に当たり、夢徴と為す。而るに吉方を択ぶに依り、此の地を卜さず。其の後、冷泉院上皇、九月朔より不予、十月二十四日、遂に崩ず。来月十六日、御葬有るべし。「其の処、此の野に在るべし」と云々。其の夢相、亦説有り。又、信ずべからずと雖も、松桑、験有り。又、凡夫の通信と謂ふか。

暁更以二松脂幷油等一、焼二遺骨一令レ成二灰塵一、即入二其灰於小桶一、到二鴨川一〈当二近衛御門路末一〉、投レ之流レ水、令レ入二海中一〈于レ時辰剋許〉、小解除帰レ宅、
夏末夢、天大雪、時甚寒、其雪自レ天降、満二于板敷一、倩思レ之、自レ天降、遭二天皇御晏駕一也、満二于堂上一足踏者、躬自行二此夜之事一也、俗以二夏雪之夢一為二穢徴一也、或者又夢二検非違使多降一レ自レ天、立二床子於鳥戸野一、共坐レ之、卜二山陵一云々、于レ時一条院、御悩之間也、当二于崩御一為二夢徴一、而依レ択二吉方一、不レ卜二此地一、其後冷泉院上皇自二九月朔一不予、十月廿四日遂崩、来月十六日可レ有二御葬一、其処可レ在二此野一云々、其夢相有二亦説一、又雖レ不レ可レ信、松桑有レ験、又謂二凡夫之通信一哉、

✻一条院の葬送で忙しかったなか（行成は藤原道長から、葬送と法会の式次第を記録することを命じられている）、七月十一日に松崎寺に赴いて、外祖父源保光と亡母（保光の女）の改葬を行なった。保光は生前、自己の遺骸の火葬を許さず、これまで魂殿に遺骸を安置してあったのであるが、行成はこれを焼き、翌十二日に遺灰を鴨川に流している。「海中に流させた」という表現からも、徹底した散骨思想が窺える（黒板伸夫『藤原行成』）。

また、寛弘八年の五月、一条が病に倒れた頃、行成は夢を見ている。六月二十二日に崩じた一条の葬送（火葬）が七月九日に終わった後の十二日条に記しているその夢は、夏なのに大雪が降り、板敷に積もったというもので、一条崩御の前兆としたものである。一条の病状に対する不安によって見たものであろう。

もう一つ、ある人の見た夢というのは、天から検非違使が多数降ってきて、鳥辺野において一条の山陵を造営する地を卜占していたというものである。鳥辺野が藤原定子の陵がある場所であることを想起すると、興味深い。定子の葬られている鳥辺野に葬られたいであろうという行成の忖度であるが、さすがに一条の存命中にこれを書くのは憚られたのであろう（倉本一宏『平安貴族の夢分析』）。

・七月二十日　葬制についての一条院の意向（土葬にして円融陵の側に埋葬）

酉刻（午後五時－七時）、一条院に帰り参った。春宮大夫（藤原斉信）は東門から参られた。源納言（源　俊賢）が西門から車を下りて、云ったことには、「左大臣（藤原道長）が、今朝、おっしゃって云ったことには、『寺から帰り参る人々は、密々に西から入るように』と云うことであった」と。この頃、黄昏の念仏が唱えられていた。念仏が終わって、左大臣は宿所にいらっしゃった。食事の後、更に殿上の東廂に参られた。大臣（道長）が、春宮大夫〈斉（斉信）。〉・源中納言〈俊（俊賢）。〉・藤中納言〈隆（藤原隆家）。〉・私（藤原行成）、また前権大僧都院源・権大僧都隆円、前権少僧都尋光、権律師懐寿・尋円におっしゃられたことには、「円融院法皇の陵の辺りに埋葬するようにと、一条院の存命の時に意向が有った」と〈去る九日の早朝、山作所において大臣が云ったことには、「土葬にして、また法皇の陵の側に置くよう、一条院が存命の時におっしゃられたところである。何日か、まったく覚えていなかった。ただ今、思い出したのである。ところが、きっと仕方がない事で、すでに決まってしまったのである」と云うことだ。〉。ところが方角の忌みが有ったので、しばらく円成寺の御室に安置した〈これは仁和寺法皇（宇多法皇）の御室である。花山法帝もまた、存命の時に、この所におられた。そこで御室と云うのである。〉。今年から計えて、三箇年を経、その冬の十二月に至って、先ず報告書を作成することなく、あらかじめ年月日の忌みの無い日を選ぶことになった。この審議では、僧や俗人でその身に忌みが無く、特に障りの無い人が各一人、深夜に、あの陵の側の都合のよい地に遷すこととするということになった。すべて広くは聞かさず、密々にこれを行なうことになった。この公卿や高僧は、皆、一条院の旧恩をいただいて懇切な誠を尽くすべき人々である。そこで一緒に審議したのである。この頃、内蔵頭（藤原）公信朝臣が、また来て、この座の末席にいた。「ただし兵部卿〈忠（藤原忠輔）。〉・右宰相中将〈兼（藤原兼隆）。〉・左兵衛督〈実（藤原実成）。〉・源宰相

〈頼（源　頼定）。〉は、この座にいたとはいっても、審議の中に入るべきではないという様子を見て、あらかじめ出た」ということだ。「大蔵卿〈正（藤原正光）。〉・右大弁（源）道方朝臣・伊予介（藤原）広業朝臣・左近少将（源）朝任は、この座に関わっていないけれども、必ずその役を奉仕するよう、告げて知らせるべきである」と云うことだ。ああ、人の命は定まらない。私の命も、どうなるのであろうか。天皇の恩には必ず報いようと思う。天命は必ず祈るべきものである。審議が終わって、帰宅した。

❖酉剋、院に帰り参る。春宮大夫、東門より参らる。源納言、西門より車を下りて云はく、「左丞相、今朝、命せて云はく、『寺より帰り参る人々、密々に西より入るべし』と云々」と。此の間、黄昏の御念仏なり。事了りて左丞相、宿所に御す。食の後、更に殿上の東廂に参らる。丞相、春宮大夫〈斉。〉・源中納言〈俊。〉・藤中納言〈隆。〉・余、并びに前権大僧都院源・権大僧都隆円、前権少僧都尋光、権律師懐寿・尋円に示されて云はく、「円融院法皇の御陵の辺りに収め奉るべき由、御存生に天気有り」と〈去ぬる九日早旦、山作所に於いて丞相、云はく、『土葬し、并びに法皇の御陵の側に置き奉るべき由、御存生に仰せらるる所なり。日ごろ惣て覚えず。只今、思ひ出すなり。然れども定めて益無き事、已に定まるなり』と云々。〉。然れども方忌有る間、暫く円成寺の御室に安置し奉る〈是れ仁和寺法皇の御室なり。華山法帝、又、御存生に、此の所に御す。仍りて御室と曰ふなり。〉。今年より計へ、三箇年を経、其の冬十二月長に至り、先づ勘文を成さず。予め年月日の忌み無き日を推明す。此の僉議、僧俗の身に忌み無く、指せる障り無き人各一人、夜漏を以て、彼の御陵の近側の便宜の地に遷し奉るべし。惣て広きに及ばず、密々、之を行なふ。此の卿相・僧綱、皆、旧恩を蒙り、懇誠を致すべき人々なり。仍りて相共に議すなり。此の間、内蔵頭公信朝臣、又、来たりて此の座の末に在り。「但し兵部卿〈忠。〉・右宰相中将〈兼。〉・左兵衛督〈実。〉・源宰相〈頼。〉等、此の座に在りと雖も、議の中に入るべからざる気色を見、予め退く」といへり。「大蔵卿〈正。〉・右大弁道方朝臣・伊予介広業朝臣・左近少将朝任等、此の座に預からずと雖も、必ず彼の役に候ずべき由、告げ知らしむべし」と云々。嗚乎、人命、定まらず。吾が生、奈何。君恩、必ず報いんと欲す。天命、必ず祈るべき者なり。事了りて、宅に帰る。

西剋帰二参院一、春宮大夫自二東門一被レ参、源納言自二西門一下レ車云、左丞相今朝命云、自レ寺帰参人々密々自レ西可レ入云々、此間黄昏御念仏也、事了左丞相御二宿所一、食後更被レ参二殿上東廂一、丞相被レ示二春宮大夫〈斉、〉・源中納言〈俊、〉・藤中納言〈隆、〉・余、幷前権大僧都院源・権大僧都隆円、前権少僧都尋光、権律師懐寿・尋円一云、円融院法皇御陵辺可レ奉レ収之由、御存生有二天気一〈去九日早旦、於二山作所一丞相云、土葬、幷法皇御陵側可レ奉レ置之由、御存生所レ被レ仰也、日者惣不レ覚、只今思出也、然而定而無レ益事、已定也云々、〉、然而有二方忌一之間、暫奉レ安二置円成寺御室一〈是仁和寺法皇御室也、華山法帝又御存生御二此所一、仍曰二御室一也、〉、計レ自二今年一、経二三箇年一、至二其冬十二月長一、先不レ成二勘文一、予推二明年月日無レ忌之日一、此僉議僧俗無二身忌一無二指障一之人各一人、以二夜漏一可レ奉レ遷二彼御陵近側便宜之地一、惣不レ及レ広、密々行レ之、此卿相・僧綱皆蒙二旧恩一可レ致二懇誠一之人々也、仍相共議也、此間内蔵頭公信朝臣又来在二此座末一、但兵部卿〈忠、〉・右宰相中将〈兼、〉・左兵衛督〈実、〉・源宰相〈頼、〉等、雖レ在二此座一、見下不レ可レ入二議中一之気色上、予退者、大蔵卿〈正、〉・右大弁道方朝臣・伊予介広業朝臣・左近少将朝任等、雖レ不レ預二此座一、必可レ候二彼役一之由、可レ令二告知一云々、嗚乎人命不レ定、吾生奈何、君恩

必欲レ報、天命必可レ祈者也、事了帰レ宅、

✲信じられないことが発覚した。七月九日、道長が、葬送について一条天皇が生前に道長や藤原彰子、近習に語っていた意向を思い出して、行成に語ったのである。その意向というのは、（藤原定子と同じく）土葬にして「円融院法皇御陵」（朱山にある火葬塚か）の側に置いて欲しいというものであった。行成はこれを、葬儀が終わった七月二十日条に記録している（『小右記』では情報を得た七月十二日条に記録している）。

この時代、在位中に崩御した天皇は土葬、譲位した後に崩御した場合はほとんど火葬されたという。一条が土葬を希望したのは在位中のことであり、譲位後に崩御した一条は、挙哀や素服など天皇としての儀礼は行なわれず、火葬されて山陵は作られなかった。道長は、譲位はしたものの太上天皇宣下以前であった一条にも太上天皇としての喪葬儀礼を行なったことになり、これが後一条天皇以降の天皇に受け継がれていくことになる（谷川愛「平安時代における天皇・太上天皇の葬送儀礼」）。

いずれにしても、「何日か、まったく覚えていなかった。ただ今、思い出したのである。ところが、きっと仕方がない事で、すでに決まってしまったのである」という道長の言葉は、一条に対する彼の関わり方を最後に象徴したものであろう（倉本一宏

『一条天皇』）。

行成はこの日の記事の末尾に、「ああ、人の命は定まらない。私の命も、どうなるのであろうか。天皇の恩には必ず報いようと思う。天命は必ず祈るべきものである」という感慨を記している。

なお、この日、一条の遺骨は、二十日に円成寺に造られた「小韓櫃のような」納骨所に納められ、三年後に「御本意処」である円融陵の近辺に移すことが正式に定められたが（『小右記』）、実際には九年も経った寛仁四年（一〇二〇）六月に、ようやく円融寺の北方に遷された（『左経記』）。現在、龍安寺北方の朱山山腹の春日谷に治定されている「一条天皇円融寺北陵」は、幕末に考定され、一九一二年（大正元年）に修補されたものであるが、実は朱山古墳という古墳時代の古墳である。

一条天皇火葬塚

「一条天皇円融寺北陵」

大極殿竜尾道故地

・十月十六日　三条天皇即位式

天が晴れた。卯刻（午前五時－七時）、八省院（朝堂院）に参った〈束帯を着た。〉。六親王（清仁親王）の休息所に参った。次に大極殿と小安殿・竜尾道の上の設営を廻って検分した。儀式の進行役の立ち位置を示す札が右の火炉の南西を逼いでいた。そこで権左中弁〈（藤原）経通朝臣。設営にあたっている弁（藤原）朝経に加わって、行事を勤めた。〉に伝えた。西を指して退いた。大極殿の右花楼の門の庭中に当たって、白虎の旗が北にあった。旗と揃えて、改め立てさせた。……

「その頃、左花楼の南庭の竜尾の欄干に、見物の人が多く、各々、押し合い、欄が落ちて、人が堕ちた。傷を負った者がいた」と云うことだ。これは私（藤原行成）が宣命を読んだ後、列に戻った際、群衆の呼び叫ぶ声を聴いたけれども、たまたま心身の動揺は無かった。列に戻った後、納言

（源俊賢）を介して、それが伝え知らされた。……

❖天晴る。卯剋、八省院に参る〈束帯。〉。六親王の御休幕に詣づ。次いで大極殿幷びに小安殿・竜尾道の上の儀を廻り見る。典儀の版、右の火炉の坤を逼ぐ。仍りて権左中弁〈経通朝臣。装束の弁朝経と相加はり行事す。〉に示す。西を差して退く。右花楼の陣の庭中に当たり、白虎旗、北に在り。旗と平頭し、改め立てしむ。……

「此の間、左花楼の南庭の竜尾の欄干に、見物の人、多く、各、相押し、欄、落ちて、人、堕つ。疵を被る者有り」と云々。是れ宣制の後、列に復する間、群庶の呼び叫ぶを聴くと雖も、適ま心神の傾動無し。列に復する後、納言を以て之を示し知らさる。……

天晴、卯剋参二八省院一〈束帯、〉、詣二六親王御休幕一、次廻二見大極殿幷小安殿・竜尾道上儀一、典儀版逼二右火炉坤一、仍示下権左中弁〈経通朝臣、与二装束弁朝経一相加行事、〉上、差レ西退、当二右花楼陣庭中一在二白虎旗北一、与レ旗平頭令二改立一、……

此間左花楼南庭竜尾欄干見物人多各相押、欄落人堕、有㆓被㆑疵之者㆒云々、是宣制後復㆑列之間、雖㆑聴㆓群庶之呼叫㆒、適無㆓心神之傾動㆒、復㆑列之後、以㆓納言㆒被㆑示㆓知之㆒、……

✻十月十六日、大極殿において三条天皇の即位式が行なわれた。内弁を勤める右大臣藤原顕光や典儀の者たちの遅参があり、式部省が置いた版位（官人の立ち位置を示す札）が盗まれるという事件が起こったものの、つつがなく執り行なわれたこの即位式においては、行成によって時代がかった宣命が読み上げられ（これは恒例のことである）、晴れて三条は即位したのである（倉本一宏『三条天皇』）。

左花楼（蒼竜楼）の南庭の竜尾の欄干に見物の人が多く押し寄せ、欄干が落ちて人が墜落し、怪我人が出たというのも、その晴儀の一こまと言ったところであろうか。また、顕光の遅参に際して、式文と違うとはいっても、剋限を守らせるために、三条は高御座に登った。藤原道長は、「このような事は式文にあるとはいっても、時に随った儀は、株を守る（融通のきかないこと）のはよくないものである」と評価している。「丞相（道長）の器量は、すでに朝家の威儀を助けている。優なるものである」というのが、これを聞いた行成の評である（『権記』）。

・十一月十四日　故一条院近臣争論の夢想

夜の夢に、故一条院の忌日の法会の頃、左京大夫（高階）明理朝臣、また（藤原）章信や他の旧臣たち四、五人の間で、いささか口論する事が有った。また、故冷泉院の事とも思われる。これらの中で、（藤原）近信朝臣が同じく口論していた際、その言葉は極めてけしからぬものであった。そこで私（藤原行成）は、燭台を執って近信の顔を打った。すると近信は激怒した。けれども、近信は、はなはだ愚かであった。その時、（藤原）重通と（藤原）時頼〈時頼はつまり重通の父で、すでに死んでいた者である。〉など、二、三人の男たちが、そこにいた。私は、それらの男たちに命じて近信を踏みにじらせようとした。ところがその事は、つまらないことであった。そこで私は、急に燭台をうち棄てた。偽って嘘の夢を説いて云ったことには、

「夢の中に僧がいた。その顔は菩薩、その様子は観音や地蔵などの菩薩のようであった。僧が説いて云ったことには、『この近信朝臣を踏みにじってはならない。世の中には大切な事が有る。また、世ははなはだ無常である。ここは帝の御殿でもある。まさに人情と義理が有るべきである』と〈夢の中の心情に、『人情と義理が有る』と云ったのは、つまり嘘である。〉と夢に見えた」と云うことだ。その時、世尊寺僧の明鎮たちが、そこにいた。すぐにこの夢を明鎮に語った。その時、近信が云ったことには、「この事は、まったく私の事ではありません」と。十六日に大切な事が有る。故冷泉院の葬送は延期すべきである。

この夢は今夜の二度寝の際に見た。そこで忘れないように、燭台に臨んで、これを書いたのである。その時、鶏がすでに鳴いていた。

❖夜の夢に、故一条院の御忌の間、左京大夫明理朝臣、幷びに章信、及び他の旧臣等四、五輩、聊か相論の事有り。又、冷泉院の事とも覚ゆ。此の中、又、近信朝臣、同じく事を論ずる有る間、其の詞、極めて以て愛無きなり。仍りて余、燈台を執り、近信の面を打つ。時に近信、忿怒す。然れども甚だ烏滸なり。爰に重通・時頼〈時頼、即ち重通の父。早く亡ぬる者なり。〉等、両三の男等、之に在り。此の男等に仰せ、陵轢せしむべし。然れども、其の事、由無かるべし。仍りて我、俄かに燈を棄て、偽りに虚夢を説きて曰はく、「夢中、僧有り。形は菩薩。其の体、観音・地蔵等の菩薩のごとし。説きて曰はく、『此の近信朝臣を陵轢すべからず。世、大事有り。又、甚だ無常なり。燕寝、已に至りて、当に情義有るべし〈夢中、「心に情義有り」と云ふは、則ちたばかり。〉』と見ゆ」と云ふ。時に世尊寺僧明鎮等、之に在り。即ち此の夢を以て明鎮に語る。時に近信、云はく、「此の事、更に近信の事に非ず」と。十六日、大事有り。院の御葬送、延引すべきなり。此の夢、此の夜、一寝の間、見る。仍りて忽忘に備へんが為、燈を挑げ、之を書く。時に鶏、已に鳴く。

夜夢、故一条院御忌之間、左京大夫明理朝臣幷章信及他旧臣等四五輩、聊有二相論之事一、又冷泉院事とも覚ゆ、此中又有二近信朝臣同論レ事之間、其詞極以無レ愛也、仍余執二燈台一打二近信之面一、于レ時近信忿怒、然而甚烏滸也、爰重通・時頼〈時頼即重通父、早亡之者也、〉等両三男等在レ之、仰二此男等一可レ令二陵轢一、然而其事可レ無レ由、仍我俄棄レ燈、偽説二虚夢一曰、夢中有レ僧、形菩薩、其体如二観音・地蔵等幷一、説曰、不レ可レ陵二轢此近信朝臣一、世有二大事一、又甚無常也、燕寝已至、当レ有二情義一〈夢中心有二情義一と云者、則たはかり、〉と見ゆと云、于レ時世尊寺僧明鎮等在レ之、即以二此夢一語二明鎮一、于レ時近信云、此事更非二近信事一、十六日有二大事一、院御葬送可二延引一也、

此夢此夜二寝之間見一、仍為レ備二忽忘一挑レ燈書レ之、于レ時鶏已鳴矣、

✻一条院崩御(ほうぎょ)の後、一条を誹謗(ひぼう)・嘲弄(ちょうろう)する者がいたことは、『小右記(しょうゆうき)』寛弘(かんこう)八年七月十八日条にも見えるが、そのような状況のなか、行成は側近同士の争論の夢を見ている。一条第一の側近であった行成ならではと言えよう。

行成はこの夢の記事だけを裏書(うらがき)として記しているが、行成はこのように、夢の記事は紙背(しはい)に記すことが多い。儀式や政務の記録としての表の具注暦(ぐちゅうれき)に記した記事とは異なり、個人の精神世界に関わる夢記事は、紙背に記すべきであると考えていたのであろうか。

注目すべきは、喧嘩(けんか)を収めるため、近信を陵轢することをやめた行成が、夢中に虚

偽の夢を設定しているうえに、その夢を謀りと注記しているという点である。夢の中でその夢のことを虚夢だと言うなど、まさに左脳の発達した行成ならではと言うべきであろう。また行成は、その夢を忘れないために、起き出して燈火の下でこの記事を書いたことを明記している。夢というものが、すぐに文章化しないと忘れてしまうものであることを、行成は自覚していたのであろう（倉本一宏『平安貴族の夢分析』）。

・十二月二十九日　追儺

亥一刻（午後九時－九時半）、内裏に参った。南の廊に赴いた。この座は、西を上座として対面して坐る。ところが所司が誤って、ただ北側の座だけを準備した。そこで命じて、□深夜、北側の座を準備させた。儀式の当番である四条大納言（藤原公任）と大蔵相公（藤原正光）は、参らなかった。下官（藤原行成）が一人で行事を取り仕切った。弁や少納言も参らなかった。儀式が衰え廃れたことは、何事につけて、このとおりである。権少外記小野吉成は、去る十日に任命された。右少史粟為頼は、去る正月、任じられた。共に事情を知らない。しばらくして、左近将曹良信が、右大弁（源道方）の仰せと称して、外記（吉成）に伝えた。子二刻（午後十一時半―午前〇時）に及んだ。「共に怠けているのである」と云うことだ。これより以前に、陰陽寮に使を遣わして、遅刻を催促したところ、寮は、時刻がまだ至っていないので、参らないということを申し送ったのである。「ただ今、亥一刻となりました。そこで参ります」ということだ。すぐにそのことを申した。陰陽寮が参って、建礼門に到った頃、陰陽頭（惟宗）文高朝臣の声で、追儺の王の装束が揃っていないことを責めていた。行なったことは、よろしくなかった。追儺の王は、装束の破損が特に甚しいということを答えた。そこでただ、面だけを持って参ったものである。太政官の上官は事情を知らず、聞いても咎めるところが無かった。そこで史の為頼に命じて、雑役の役人たちを追儺の王に添えて、本寮に遣わした。悪鬼を払う役の方相氏が装束を取りに行かせているうちに、時刻が推移した。また、清涼殿の殿上間から催促が有った。そこで外記吉成を介して、このことを頭弁（道方）に伝えさせて、装束を持って来させた。この頃、中務少輔藤原惟光朝臣が儀式の当番の名簿〈四枚。〉を提出した。侍従以上の官人がいなかったので、見終わってすぐに、これを返した〈先例では、中務丞がこれを覧る。もしかしたら、いなかったのであろうか。〉。次に中務録と中務史生が、序列どおりに呼んで計った。次に陰陽寮が、桃弓と葦矢を分け与えた。□門を開いた。この頃、私（行成）は座を起って、承明門に到った〈舎人が門を叩いた。また、所司が桃弓と葦矢を闈司に授けたことは、通常のとおりであった。〉。次に悪鬼を払う方相氏が参った。次に私が参った。次に陰陽寮が方相氏に饗宴を賜わった。寅刻（午前三時－五時）、二段が終わった。陰陽寮は饗宴を撤去した。方相氏が楯を鳴らしたことは三度であった。終わって、方相氏を先頭とし三条天皇の御前を経、滝口の戸から出て、内裏を出た。家に帰って、髪を整えた。

❖亥一剋、内に参る。南廊に就く。此の座、西上対座す。而るに所司、誤りて只、北面の座を儲く。仍りて仰せて□深更、北面の座を鋪かしむ。分配人、四条大納言・大蔵相公等、参らず。下官、独り行事す。弁・少納言、参らず。公事の陵遅、事に触れて此くのごとし。権少外記小野吉成、去ぬる十日、拝任す。右少史粟為頼、去ぬる正月、任ず。共に案内を知らず。頃くして左近将曹 良信、右大弁の仰せと称し、外記に伝ふ。子二剋に及ぶ。「共に懈怠」と云々。是より先、陰陽寮の遅参を遣はし催す処、寮、剋限、未だ及ばず、参らざる所を申し送るなり。「只今、亥一剋を打つ。仍りて参るべし」といへり。即ち其の旨を以て申さしむ。陰陽寮、参入し、建礼門に到る間、頭文高朝臣の声を以て、儺の王の装束、具はらざるを責む。作す所、然るべからず。長人、装束の破損、殊に甚しきを答ふ。仍りて只、面を随身し、参る所なり。上官、案内を知らず、聞き咎むる所無し。仍りて史為頼に仰せ、使部等を長人に差し副へ、本寮に遣はす。方相氏の装束を取らしむる間、時剋、推移す。又、殿上より催し有り。仍りて外記吉成をして此の趣きを以て頭弁に伝へしめ、装束を持ち来たらしむ。此の間、中務少輔 藤原惟光朝臣、分配の簡〈四枚。〉を進る。侍従以上無きに依りて、見了りて即ち之を返す〈先例、丞、之を覧る。若しくは無きか。〉。次いで録・史生、次第に召し計る。次いで陰陽寮、桃弓・葦矢を班つ。□門を開く。此の間、予、座を起ちて承明門に到る〈舎人、門を叩く。又、所司、桃弓・葦矢を以て闈司等に授くること、常のごとし。〉。次いで方相、参入す。次いで予、参入す。次いで陰陽寮、方相に饗を給ふ。寅剋、二段、了んぬ。寮、饗を撤し了んぬ。方相、楯を打つこと三度。了りて方相を先と為て、御前を経、滝口より出でて、退出す。家に帰り、頭を梳る。

亥一剋参レ内、就二南廊一、此座西上対座、而所司誤只儲二北面座一、仍仰□深更令レ鋪二北面座一、分配人四条大納言・大蔵相公等不レ参、下官独行事、弁・少納言不レ参、公事陵遅触レ事如レ此、権少外記小野吉成去十日拝任、右少史粟為頼去正月任、共不レ知二案内一、頃之左近将曹良信称二右大弁仰一、伝二外記一、及二子二剋一、共懈怠云々、先レ是遣三催陰陽寮遅参一之処、寮申三送剋限未レ及所二不レ参也、只今打二亥一剋一、仍可レ参者、即以二其旨一令レ申、陰陽寮参入到二建礼門一之間、以二頭文高朝臣声一、責二儺王之装束不一レ具、所レ作不レ可レ然、長人答二装束破損殊甚一、仍只随三身面一、所レ参也、上官不レ知二案内一無レ所二聞咎一、仍仰二史為頼一、差三副使部等於長人一遣二本寮一、令レ取二方相氏装束一之間、時剋推移、又自二殿上一有レ催、仍令下外記吉成以二此趣一令レ伝二頭弁一、装束持来上、此間中務少輔藤原惟光朝臣進二分配簡〈四枚、〉一、依レ無二侍従以上一、見了即返レ之〈先例丞覧レ之、若無歟、〉、次録・史生次第召計、次陰陽寮班二桃弓・葦矢一、□開レ門、此間予起レ座到二承明門一〈舎人叩レ門、又所司以二桃弓・葦矢一授二闡司等一如レ常、〉、次方相参入、次予参入、次陰陽寮給二方相饗一、寅剋二段了、寮撤レ饗了、方相打レ楯三度、了為レ先二方相一、経二御前一、出二滝口一退出、帰レ家梳レ頭、

✻追儺というのは、鬼遣らいともいい、疫鬼を追いやる行事である。大晦日の深夜、天皇が紫宸殿に出御する。王卿以下が座に着し、陰陽寮から桃弓・葦矢を王卿に配布した後、黄金四つ目の仮面をかぶり、玄衣朱裳をまとい、右手に桙、左手に楯を持った方相氏の役が参入し、王卿が方相氏の後ろに列し、陰陽師が月華門より入り、祭を行ない呪文を読むと、方相氏は大声を発して桙で楯を打つこと三度、群臣がこれに呼応して桃弓と葦矢で東西南北に分かれて疫鬼を駆逐するというものであった。後世には節分の豆まきに結びつくようになった（『国史大辞典』）。

この年の大晦日である十二月二十九日の追儺においては、公卿が行成しか参入せず、弁官や少納言も不参であった。一人でこの儀を取り仕切った行成は、「公事の陵遅は、

何事につけてもこのようである」と怒りを露わにしている。

なお、この日の記事が、『権記』がまとまって残る最後のものである。この後もおそらくは死の直前まで日記を記録していたであろうが、翌年以降は諸書に引用された逸文が残るのみである。その意味では、公事の陵遅の記事でまとまった『権記』が終わっているというのも、何やら象徴的である。

★コラム4　藤原行成の書

行成と言えば書であるが、残念ながら、私はこの方面にはまことに疎い。とはいえまったく触れないわけにもいかないから、黒板伸夫氏の名著『藤原行成』や、二〇一六年に東京国立博物館で開催された特集展示「藤原行成の書 その流行と伝称」の図録（恵美千鶴子氏執筆）の成果を基に、簡単に述べることとしよう。

言うまでもなく、行成は平安時代中期の能書で、日本風の書である和様の書を完成させた。後世、小野道風、藤原佐理とともに「三蹟」と称された。その後、院政期の鳥羽天皇の時代まで、みな行成に倣って書いていたと言われるほど、行成の書風は流行したという。さらには後世に書かれた流麗な仮名の古筆切（「升色紙」など）も、「行成の書であってほしい」という望みをこめて「行成筆」と伝称されてきたという（恵美千鶴子『藤原行成の書』）。

また、行成の子孫は代々、宮廷の書役として活躍し、後に世尊寺流と呼ばれるその一系の書流の祖としても、行成は尊重された（恵美千鶴子『藤原行成の書』）。

確実な行成の真跡（真筆、直筆）として、寛仁二年（一〇一八）に記した国宝「白氏詩巻」（東京国立博物館蔵、唐の白居易の『白氏文集』中の詩八首を行草体で書いた詩巻）には行成の子孫である藤原定信がこれを行成の書と鑑定した跋語があり、寛仁四年（一〇二〇）に記した重要文化財「書状」（個人蔵）には、尊円親王が行成の書を称えた添状が附属している（恵美千鶴子『藤原行成の書』）。

行成の書が同時代の人々にもてはやされ、熱烈に愛好されたことはすでにみてきたとおりである。その書が当時の貴族社会の好みにもっともかなった調和美を示していることによるものとされる。行成の書における活動は、宮門・殿舎の書額から上表文や法会の願文、詩歌の会における執筆、詩文集、歌集、日記等の書写、手本や経の外題などの手書、さらには政務に伴う式次第や定文、あるいは書簡というように多方面にわたっていた。これは高級官僚としての激務の間に書かれており、その大半が彼の公人としての生活に密着しているのである（黒板伸夫『藤原行成』）。

さて、私がもっとも興味を牽かれるのは、実はこれらの美術品ではなく、実務のために記録した文書二点である。一つは寛弘元年（一〇〇四）と寛弘二年（一〇〇五）の「陣定　定文案」（個人蔵）、もう一つは寛弘二年二月十日の「敦康親王初観関係文書」（宮内庁三の丸尚蔵館蔵）である。

前者はめったに人目に触れる機会のないものであり、東京大学史料編纂所の面々も集団で見学に来ていたとの由である。『大日本史料』もこの原本ではなく、京都大学総合博物館蔵の「諸国条事定定文写」（平松家文書）を底本として翻刻している。それほどきわめて貴重なものなのである。寛弘元年閏九月五日と寛弘二年四月十四日に行なわれた陣定という公卿議定の結果を天皇に奏上するための定文の草案である。行成は末席の参議として、藤原道長・藤原顕光・藤原公季以下の公卿の意見をまとめて、項目ごとに整理している。陣定は最末席の参議から順に全員が意見を述べるのであるが、定文は意見ごとに分類して、しかも地位の高い者から順番に記さなければならない。行成はこれをそつなく作成していて、さすが能吏といった感がある。

後者は三月二十七日に行なわれる初覲（父天皇にはじめて公式に拝謁する儀）について、敦康親王の装束や、当日に奉仕する人々の御膳・饗宴・理髪の禄といった分担を記した式次第である。敦康親王家別当でもあった行成にとって、敦康の晴れ舞台の準備として、張り切って記録したことが想像される。こちらは三の丸尚蔵館で何度も見た記憶がある。ともあれこれらの文書は、美術品よりもかえって『権記』の自筆原本の書風を彷彿とさせるものである。

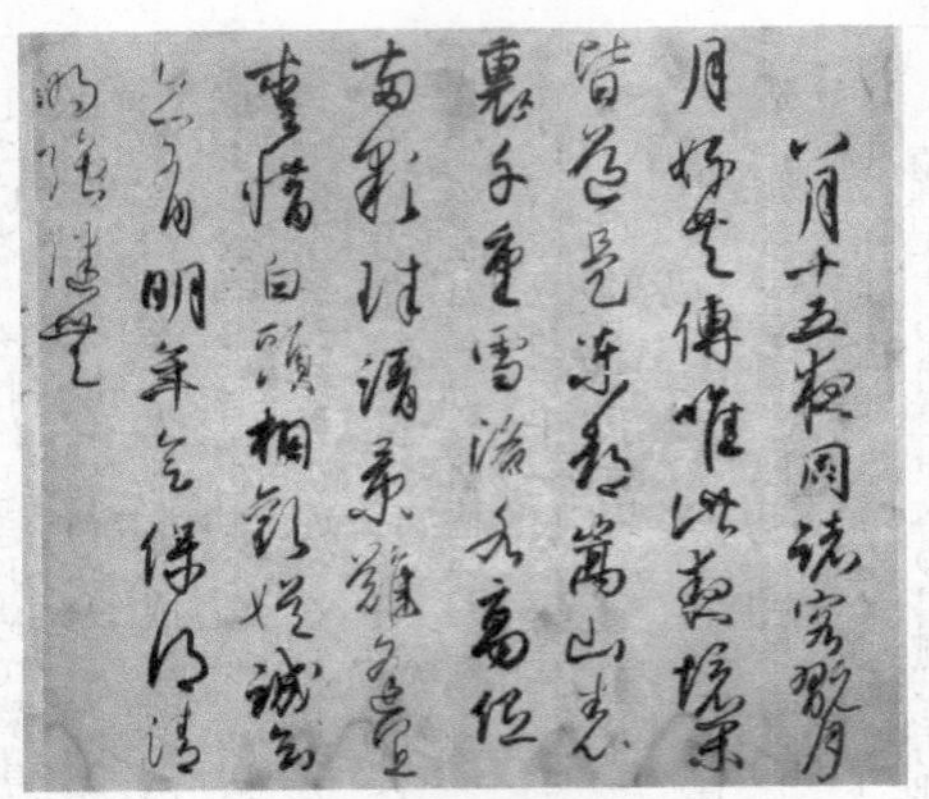

「白氏詩巻」部分（東京国立博物館蔵、ColBase（https://colbase.nich.go.jp/））

「諸国条事定定文写」部分（平松家文書、京都大学総合博物館蔵）

◆長和元年（一〇一二）　不吉な長和改元

藤原行成四十一歳（従二位、権中納言・侍従・皇太后宮権大夫）　三条天皇三十七歳　内覧兼左大臣藤原道長四十七歳　皇后藤原娍子四十一歳　中宮藤原妍子十九歳　敦成親王五歳　敦明親王十九歳　敦良親王四歳

・十二月二十五日　改元定（『改元部類記』による）

今日以後の四箇日は謹慎期間である。ところが、外記が度々、督促してきたので、内裏に参った。左大臣（藤原道長）が参った。年号について定められた。大臣（道長）や中宮大夫（藤原道綱）・右大将（藤原実資）、弾正尹（藤原時光）、左兵衛督（藤原実成）・修理大夫（藤原通任）・源相公（源　頼定）が参られた。頭中将（藤原公信）が、文章博士（菅原）宣義と（大江）通直が先例を調べた年号の報告書一枚を下した。太初・政和・長和であった。

私（藤原行成）が意見を述べて云ったことには、「これらの字は、共に優れているわけではない。ただし、報告した中では、長和が、まあまあよろしいであろうか。そもそもこの報告書を見てみると、まったく年号に相応しい字ではない。ところが、太初や政和よりも、まあまあよろしいのである」と。審議も、これと同じであった。三条天皇に申しあげられて、決定した。大臣は大内記（大江）為清を呼んで、詔書を作成するよう命じられた。この頃、私は帰った。

❖今日以後四个日、物忌なり。然れども外記、度々、誡むるに依りて、内に参る。左大臣、参入す。年号の事を定めらる。大臣及び中宮大夫・右大将、尹、左兵衛督・修理・源相公、参らる。頭中将、文章博士宣義・通直等、勘申せる年号一枚を下す。太初・政和・長和等なり。定め申して云はく、「件の字、共に優に非ず。但し勘中の中、長和、頗る宜しきか。抑も本文を勘ずるに、便りに年号の字に非ず。然れども太初・政和より頗る宜しきなり」と。僉議、之と同じ。奏せられて宣下す。大臣、大内記為清を召し、詔書を作るべき由を仰せらる。此の間、余、退出す。

今日以後四个日物忌也、然而依二外記度々誡一参レ内、左大臣参入、被レ定二年号事一、大臣及中宮大夫・右大将、尹、左兵衛督・修理・源相公被レ参、頭中将下二文章博士宣義・通直等勘申年号一枚一、太初・政和・長和等也、定申云、件字共非レ優、但勘申之中、長和頗宜歟、抑勘二本文一、非二便年号字一、然而自二太初・政和一頗宜也、僉議同レ之、被レ奏宣下、大臣召二大内記為清一、被レ仰二詔書可レ作由一、此間余退出、

✽すでに寛弘八年（一〇一一）六月に皇位に即いて以来、三条天皇と道長の確執は始まっており（倉本一宏『三条天皇』）、翌寛弘九年四月に三条が藤原娍子の立后を強行し、道長がこれを妨害したことで決定的な決裂を見せていた。そして年も押しつまった十二月二十五日、長和への改元が行なわれた（『御堂関白記』、『改元部類記』所引『権記』、『改元部類』所引『不知記』）。

「長い和」とは何とも皮肉な名前であるが、どうもこの『権記』の逸文を読んでいると、あまり積極的にこの元号が選ばれた感じでもなさそうである。行成は、「余、退

出す」という記事の後に、三通の年号勘文を転写（または貼付）している。

それによると、「太初」は漢の武帝の年号であるが、前秦・西秦・南涼にもこの元号が有るとしたうえで、前秦は九年で滅され、西秦は偽主が代わった。南涼は三年と年数が少ない。また、武帝の時は乱代ではないが、柏梁台に災があり、丞相や御史大夫が死去し、質帝が殺されたという不吉な例が列挙されている。

「政和」は『礼記』や『毛詩』の文であるが、「政」の字は、秦の始皇の名で、嫌うべきであり、中国でも日本でも「政」の字を元号としたのは、後周の宣政一年だけであって、用いてはならないとある。

「長和」も『礼記』の文であって、その文は宜しいとはいっても、年号に用いるべきではない。としたうえで、改元は今年を過ぎてはならず、今日中に必ず詔書を下されなければならないから、勘申が不快であるからといって返給したならば、事を成すことはできない。そこでこの中で、仕方なくこの字を用いるということを定め申した、とある。

ともあれ、元号の字とは裏腹に、三条と道長とは確執を深めていくことになる。

◆寛仁元年（一〇一七）　東宮敦明親王遜位

藤原行成四十六歳（正二位、中納言・侍従）　後一条天皇十歳　摂政藤原道長五十二歳　摂政藤原頼通二十六歳　皇太后宮藤原彰子三十歳　敦明親王二十四歳　敦良親王九歳

・八月八日　敦明親王、母后の怒りにより、遜位を後悔／行成、敦明親王に天子の相無しと見る（『立坊部類記』による）

盛算が云ったことには、「今朝、左大臣（藤原顕光）の許に参りました。おっしゃって云ったことには、『皇太子（敦明親王）の事については、今までおっしゃられていない。ましてや、かねて聞くことも無かった』と。また、先日、皇太子は事情を后宮（藤原娀子）に申されました。后宮は、先に伝えられずに、たやすく外部に漏らしてしまったということについて、□が

有りました。その時、皇太子は口を閉ざし、顔色を失いました。とても悔いる様子が有りました。后宮は、『これは本来の望みではありません。早速、大殿（藤原道長）に申されよ』とおっしゃいました」と云うことだ。私（藤原行成）は競馬行幸の日、何人かの皇子を見たところ、皇太子も同じくその列にいた。容姿は普通の人と異なるところはなく、竜顔は無かった。皇太子であった日には、思うに私は人相を見る道を知らなかった。今、この事を聞くと、先日、見たことに違わない。私は人相を見る道を知っているわけではない。意外にも見て気付いたのである。

❖盛筭君、云はく、「今朝、左府に参る。命せて云はく、『儲宮の御事、今に仰せられず。況んや兼ねて聞くこと無し』と。又、一日、東宮、案内を后宮に申さる。后宮、先づ触れられず、輙く外漏に及ぶ由、□有り。時に儲宮、口を閉ぢ、色を失ふ。頗る悔ゆる気有り。『是れ本意に非ず。早速、大殿に申されよ』と云々」と。予、競馬行幸の日、諸皇子を見るに、儲宮、同じく其の列に在り。容体、例の人に異なるに非ず。竜顔無し。儲弐の日、以て思ふに相人の道を知らず。今、此の事を聞くに、前日、見奉るに違はず。予、相を知るに非ず。慮外に見及ぶなり。

盛筭君云、今朝参二左府一、命云、儲宮御事于レ今不レ被レ仰、況兼無レ聞、又一日東宮被レ申二案内於后宮一、后宮先不レ被レ触、輒及二外漏一之由有レ□、于レ時儲宮閉レ口失レ色、頗有二悔気一、是非二本意一、早速被レ申二大殿一云々、予競馬行幸之日、見二諸皇子一、儲宮同在二其列一、容体非レ異二例人一、無二竜顔一、儲弐之日以思不レ知二相人之道一、今聞二此事一不レ違二前日奉レ見、予非レ知レ相、慮外見及也、

✻この年の五月九日に三条院が死去すると、三条が譲位と引き換えに立太子させた敦明親王の権力基盤は、きわめて脆弱なものとなった。しかも、本人に皇位への執着がなく、その外戚（藤原通任や藤原為任）も姻戚（顕光）も頼りにならず、道長が後一条天皇の同母弟である藤原彰子所生の敦良親王（一条天皇第三皇子）の立太子を望んでいることが自明である以上、敦明が東宮の地位から降りることは、時間の問題であった。

敦明が東宮の地位を辞めたがっているという情報は、八月四日に、道長の四男である能信からもたらされた（『御堂関白記』）。六日、敦明と道長との会談が行なわれ、敦明の遜位が決定した。後に道長が藤原実資に語ったところによると、敦明が語った遜位の背景は、「自分には輔佐する人が無い。春宮坊の業務は、有って無きがごときものである。三条院が崩御した後は、ますますどうしようもなくなった。東宮傅（顕光）と春宮大夫（藤原斉信）は仲がよくない。まったく自分のために無益にしかならない。辞遁するに越したことはない。そうすれば心閑かに休息できよう」というものであった（『小右記』）。

敦明生母である娍子の許を訪れた盛算は、娍子の怒りを目の当たりにして、これを行成に伝えている。その時、敦明は、口を閉じて色を失い、頗る後悔した様子があったという。娍子は、道長と談判するようにと語っているが、すでにすべては決した後で、もう遅かった。

行成は、この記事に続けて、競馬行幸の日に諸皇子と同列に並んでいた敦明を見て、「（天皇になるべき）竜顔は無かった」と記している。かつて初めて敦成親王（後の後一条天皇）の面貌を見た際に、「王骨が有る」という感想を記している行成であればこそ（『権記』）、その差異は際立っていたのであろう（倉本一宏『三条天皇』）。

・八月二十一日　東宮、奏慶拝覲／道長の「栄華」（『立坊部類記』による）

……ここで後一条天皇は、清涼殿の帳台の中の倚子に出てこられた。太弟（敦良親王）は孫廂から西に進み、御前の北面に当たった。舞った儀は、振る舞いが正しかった。見た人は、これに感動した。□□□□□大殿（藤原道長）は北第二間の簾の外に□□。舞が終わって退き、元々立たれていた所にいらっしゃった。天皇は入られた。この頃、蔵人たちは、□設営を撤去した。帳の中の倚子を撤去した。更に天皇の座を鋪設したことは、通常のとおりであった。座の東の間の障子の下に敷物を敷いた〈西面した〉。ここで、天皇が出てこられた。摂政（道長）は南廂の中の間に控えた。つまりこれは、皇太子（敦良親王）の座の南に当たっていた〈北西の辺りで、北柱の下である。〉。内侍が出た〈皇太子を呼んだのである。本来は昆明池御障子の下に到り、坐って、これを召すべきである。ところが障子の下に到らなかった。また、立ったまま還って入った。共にその礼を失してしまった。〉。ここで皇太子は参り進んで座に控えた。この頃、大殿は天皇の座の東に控えていた〈几帳の内の東妻である。〉。その時、この儀を望み見た者が、皆、語り合って云ったことには、「一家の栄華は、古今に比べようが無い。まだ前世で何の善行を積んだのかを知らない。まことにこの栄華よ」と。……

❖……爰に主上、御帳の中の御倚子に出づ。太弟、孫廂より西に進み、御前の北面に当たる。拝舞の儀、進退、度を正す。見る人、之に感ず。□□□□□□□大殿、北二間の簾の外に□□□。事了りて退き、本、立ち給ふ処に御す。上、入御す。此の間、蔵人等、□御装束を撤す。帳の中の倚子を撤す。更に昼御座を供奉すること、常のごとし。御座の東の間の障子の下に茵を敷く〈西面す。〉。是に於いて、上、出御す。摂政、南廂の中の間に候ず。即ち是れ儲宮の御座の南に当たる〈北西の辺り、北柱の下。〉。内侍、出づ〈太弟を召すなり。〉。須く昆明障子の下に到り、居りて之を召すべし。而るに障子の下に到らず。又、立ちながら還り入る。共に其の礼を失するのみ。〉。爰に太弟、参り進みて座に候ず。此の間、大殿、昼御座の東に伺候す〈几帳の内、東妻なり。〉。時に此の儀を観望する者、愈よ相語りて云はく、「一家の栄華、古今に比無し。未だ前生、何の善根を植うるかを知らず。誠に此の栄華や」と。……

……爰主上出二御帳中御倚子一、太弟自二孫庇一西進、当二御前北面一、拝舞之儀、進退正レ度、見人感レ之、□□□□□□□□□大殿北二間簾外、事了退御二於本立給之処一、上入御、此間蔵人等撤二□御装束一、撤二帳中倚子一、更供二奉昼御座一如レ常、御座東間障子下敷レ茵〈西面、〉、於レ是上出御、摂政候二南庇中之間一、即是当二儲宮御座南一〈北西辺北柱下、〉、内侍出〈召二太弟一也、須下到二昆明障子下一、居而召上レ之、而不レ到二障子下一、又乍レ立還入、共失二其礼一耳、〉、爰太弟参進候レ座、此間大殿伺二候昼御座東一〈几帳内東妻也、〉、于レ時観二望此儀一之者、愈相語云、一家栄華、古今無レ比、未レ知三前生植二何善根一、誠此栄華哉、……

✲八月二十一日、新東宮となった敦良親王が慶賀のために参内し、母后である藤原彰子に謁見した（『御堂関白記』、『立坊部類記』所引『権記』、『小右記』）。公卿たちは快く

京都御所清涼殿御帳台

御前の儀を見るために、紫宸殿に到って格子から窺い見た。

一歳違いの天皇と東宮の対面を観望した者は皆、道長の栄華を讃えたという。道長の権力が、公卿層からの支持を受けていたことを示すものである。

二十三日になって、東宮敦良に壺切御剱が移された。代々の御物であるこの剱を、道長は東宮の敦明親王には渡さずに、内裏に保管していたのである（『御堂関白記』『小右記』『左経記』）。

◆治安元年（一〇二一）　女の死去

藤原行成五十歳（正二位、権大納言）　後一条天皇十四歳　藤原道長五十六歳
関白藤原頼通三十歳　太皇太后宮藤原彰子三十四歳　中宮藤原威子二十三歳
東宮敦良親王十三歳

・三月十九日　行成女、卒去（『更級日記』勘物による）

卯刻（午前五時－七時）、病者（藤原長家室）の命は絶えた。悲嘆のはなはだしいことは、どうしようもなかった。

❖**卯剋、病者の気、絶ゆ。悲嘆の甚しき、為す所を知らず。**

卯剋、病者気絶、悲嘆之甚不レ知レ所レ為、

＊寛仁二年（一〇一八）三月、行成の末娘（母は源泰清の女、妹の方）は、十二歳（一説に十四歳）で藤原道長六男で十四歳の長家（母は源高明の女の明子）と結婚した。当時の結婚は婿取り婚だったので、行成は長家を婿として自邸に迎えたことになる。長家は生母明子の生存中に道長嫡妻の源倫子の養子となっていて、明子所生の兄たち（頼宗・顕信・能信）とは政治的立場が異なっていた。兄たちと同じく、数々の濫行で名を馳せてはいたが。

さて、何人もの子女に先立たれ、その都度、悲しみの記述を日記に記してきた行成であったが、それは晩年まで続いた。『更級日記』勘物に引かれている治安元年の逸文に、右に示したような記事がある。末娘の最期に際しての記述である。わずか二年の結婚生活であった。「何年来、病者であったが、長家の室となった」（『小右記』）ことが影響したのであろう。行成はこの女は観隆寺の北の地に葬っている。

なお、この人は、猫に生まれ変わったとして『更級日記』の作者の姉の夢に現われることになっている。猫が言うには、

「私は侍従の大納言（行成）の姫君で、かりにこういう姿になっているのです。こうなるべき因縁が少々あって、こちらの中の君が私のことをしきりに、いとおしんで思

い出してくださるので、ほんのしばらくと思ってここにいるのですが、このごろ召使いの間にいて、ほんとうに寂しくて」

ということらしく、作者は猫に話しかける。

「侍従の大納言の姫君がおいでなのね。お父上の大納言殿にお知らせしたいわ」と話しかけると、私の顔をじっと見つめて穏やかに鳴くのも、気のせいか、一見したところ普通の猫ではなく、私の言葉を聞き分けているようで、しみじみといとおしい。

はたして作者は、この話を行成に話したのであろうか。本当に話したのだとしたら、行成の反応が知りたいところである（この夢自体が本当の話かどうかわからないが）。

なお、行成は中納言であったときに侍従を兼ねたことはあるが、大納言（権大納言）であったときに侍従を兼ねたことはない。こういった点からも、『更級「日記」』の特に夢記事の創作性（虚偽性）がわかるのである。

この行成女が死去して以来、自分の女を長家の後妻にと望む公卿は多く、一周忌も終わっていないのに、道長の一存で長家は藤原斉信の女と再婚した。藤原実資はこの情報を行成からの密談で得ている（『小右記』）。この妻もすぐに死去し、結局、源懿子（源高雅の女）が最後の妻となった。懿子は道家・忠家らの子を儲け、後世、御子左流として俊成や定家を輩出し、冷泉家をはじめとする和歌の家の祖となった。

◆治安二年（一〇二二）藤原道長の法成寺造営

藤原行成五十一歳（正二位、権大納言）後一条天皇十五歳　藤原道長五十七歳　関白藤原頼通三十一歳　太皇太后宮藤原彰子三十五歳　中宮藤原威子二十四歳　東宮敦良親王十四歳

・七月十四日　法成寺金堂供養／寺額を書く（『諸寺供養類記』による）

早朝、法成寺の額を書いた。入道殿（藤原道長）から大膳亮（藤原）親任を遣わして、金泥の法華経一部を賜わった。すぐに題名と趣意を書いて、これを献上した。巳刻（午前九時－十一時）、寺の額を書き終わった。人夫に随って持っていき、献上させた。また、僧の食膳を如忠に託して献上させた。後一条天皇と皇太子（敦良親王）のお出ましの後、午刻（午前十一時－午後一時）に参った。今日の式次第は、詳しく記している。

❖早朝、額を書く。入道殿より大膳亮親任を以て金泥の法華経一部を給はる。即ち外題を書き、之を奉る。巳時、額を書き了んぬ。夫に随ひて到来し、奉らしむ。又、僧前を如忠に付して奉らしむ。行幸・東宮の行啓等の後、午時、参る。此の日の次第、具さに式に在り。

早朝書レ額、自二入道殿一以二大膳亮親任一被レ給二金泥法華経一部一、即書二外題一奉レ之、巳時額書了、随レ夫到来令レ奉、又僧前付二如忠一令レ奉、行幸・東宮行啓等後、午時参、此日次第具在レ式、

✻法成寺は、道長が晩年、土御門第の東に隣接して造営した寺院である。最新の浄土信仰にも傾倒していた道長は、寛仁三年（一〇一九）に九体阿弥陀像を安置する阿弥陀堂の建立を発願し（『小右記』）、寛仁四年三月に、三后（藤原彰子・藤原妍子・藤原威子）の行啓を迎えて阿弥陀堂の落慶供養を盛大に挙行した（『御堂関白記』）。間口十一間の阿弥陀堂は無量寿院と呼ばれた。

この治安二年七月には、大日如来像を本尊とする金堂と、密教の五大尊像を本尊とする五大堂が竣工した。はじめ道長は、法界寺か法身寺という寺号とする意向であったが、九日に法成寺と改定し、行成に扁額を書くことを命じた。落慶供養には、天皇・東宮・三后が参列している。後一条は中央の間で中尊に向かって拝礼したが、その時、道長は階の腋の地下で涕泣していた（『小右記』）。

現世の栄耀をきわめた道長は、これで臨終正念を迎えることができ、来世についても心配の種はなくなった、はずであった。実際には万寿四年（一〇二七）十二月四日、阿弥陀堂の九体阿弥陀像の前で極楽（『栄花物語』によると九品の最下位の下品下生だとか）に旅立っている（『小右記』）。行成の死と同日のことである。

◈治安三年（一〇二三）　藤原彰子所望の屛風和歌

藤原行成五十二歳（正二位、権大納言）　後一条天皇十六歳　藤原道長五十八歳　関白藤原頼通三十二歳　太皇太后宮藤原彰子三十六歳　中宮藤原威子二十五歳　東宮敦良親王十五歳

・閏九月十九日　彰子、屛風に和歌を書くよう命じる（『治安御賀部類記』による）

大宮（藤原彰子）の許から太皇太后宮亮（源）済政朝臣を遣わして、依頼が有った。「大宮は、来月の母（源　倫子）の六十歳の祝賀の為の屛風について、すぐに三帖を、先ずは賜わられる〈和歌を添えてあった。〉。加えて、賜わった他にまた、『古今集』の和歌を書くよう、申されているとのことである」と。

❖大宮より亮済政朝臣を差して令旨有り。「来月の御賀料の屛風の事、即ち三貼、且く給はる〈和歌を加ふ。〉。加へて給ふ外に又、古今の歌等を書くべきを申さしめ給ふ由」と。

自二大宮一差三亮済政朝臣一有二令旨一、来月御賀料屛風事、即三貼且被レ給〈加二和歌一〉、加給外又可レ書二古今歌等一令レ申給之由、

✤この年十月十三日、太皇太后彰子は、土御門第において、生母で藤原道長嫡妻、そして後一条天皇の外祖母である倫子の六十歳の算賀（長寿の祝い）を行なった。九月七日から造仏・写経などの準備を始め、それらは公卿に課された。負担の重さを諸卿は嘆いたという（『小右記』）。

当然のこと、行成にも数々の依頼が道長から舞い込んだ。九月十四日に写経の料紙を但馬国から進上することを命じられ、閏九月十九日には但馬国から糸を献上している。但馬ばかり出てくるのは、（無事に成長したなかでは）一男の実経が但馬守として赴任していたからである。

その他、能書の行成には、その筋の依頼も多かった。同じ十九日に屛風に和歌を書

くよう命じられ、その際、『古今和歌集』の和歌を加えるよう命じられている。十月十二日には写経の外題と願文を書いている。十三日の当日にも和歌の興があり、行成は道長の命によって序を書いている。この序は『本朝文集』に収められており、行成自身の和歌も『玉葉和歌集』に採られている。

なお、この年、行成三男の実経は、国衙官人の殺害事件に巻き込まれていた。但馬守実経が小一条院（敦明親王）領荘園の荘官である惟朝法師を訴えたのだが、実は殺害されたという人物は生存していて、国司側の訴えに虚偽の疑いが生じたのである。行成と実経は面目を失なってしまい、行成は夜も寝られぬほど心痛している。結局、六月に後一条の勅裁によって、この訴えの手続きに瑕疵があったとして告発は無効とされ、惟朝と郡司たちは宥免されて帰国させられた。実経も釐務停止の処分を受けたが、一箇月で解除された（『小右記』）。

コラム5　藤原行成の子孫たち

藤原道長や藤原実資、行成たちが活躍した次の世代になると、上級貴族に上る家系は、摂関家としての道長の子孫（しかも嫡妻源倫子所生の頼通と教通）と摂関家の一員としての村上源氏（頼通猶子の源師房の子孫）に、ほぼ限られてしまった。「寛弘の四納言」と称された行成ではあったが、よく考えればその極官は権大納言に過ぎず、その子の世代となると、明らかに地位を低下させていた。これは実資、藤原公任、藤原斉信、源俊賢の子孫も同じであったが、それでも行成の子孫の没落は、他よりも目立っているように思える。

行成の最初の妻は、永祚元年（九八九）に結婚し、長保四年（一〇〇二）に死別した源泰清の女で、『権記』に頻出するものの元服せずに夭折した薬助丸、夭折した男子、実経と良経、そして源顕基室となった女子、源経頼室となった女子、夭折した女子を産んだ。

実経は長徳四年（九九八）生まれ。左兵衛佐・右近衛少将・民部権大輔・侍従などを歴任した後、但馬守・近江守といった受領となり、寛徳二年（一〇四五）に五十八歳で死去している。良経は長保三年（一〇〇一）生まれ。左兵衛佐・少納言・左馬頭や、越前守・伯耆守・陸奥守を歴任し、康平元年（一〇五八）にこれも五十八歳で死去している。

実経が治安二、三年（一〇二二〜二三）の事件に関わったことは先に述べたが、その後も長元五年（一〇三二）に近江守であった時、同国の百姓から非法を上訴されている。良経は道長二女の妍子所生の禎子内親王の側近となって皇后宮亮となり、所生の尊仁親王（後の後三条天皇）にも奉仕している。いわば摂関政治の終焉に力を貸したことになる。

この妻の死後、その同母妹が後妻となり、藤原長家室となって早世した女子、行成の嫡流と言うべき行経、早世した双子の男子を産んでいる。

行経は長和元年（一〇一二）生まれ。こいつも長暦三年（一〇三九）十月には、藤原資平二男の資仲（実資の孫）、藤原頼宗四男の能長（道長の孫）、藤原定頼一男の経家（公任の孫）と徒党を組んで三井寺に往還し、前大僧正永円の御童子である乙犬丸を愛し、万物をその童子に贈っているということが発覚した。十一月の豊明節会では、何と連中は乙犬丸を迎え取り、五節所で抱懐して臥し、五節所の陪従や童女に何夜も「通嫁」させるという乱痴気騒ぎを行なっている（『春記』）。

行経は長家の養子となり、他の兄弟とは異なり、蔵人・左近衛中将・蔵人頭を経て、従二位参議に上ることができたが、永承五年（一〇五〇）に三十九歳の若さで死去した。能書にも数えられ、行成家の本流である世尊寺流の二代目となった。子の伊房は権中納言に上ったが、寛治八年（一〇九四）に大宰権帥の時に遼と私貿易を行なったことによって、官を解かれている。

その他、行成の妻の一人に橘為政の女が見え、筑前守・甲斐守となった永親という男子を産んでいる（『尊卑分脈』）。

世尊寺流について触れておくと、行成によって完成された和様書道は、その没後に代々の子孫に受け継がれ、鎌倉時代に入って、八代の行能が世尊寺を家名にしたことから、行成一系の書流名としても用いられ、「一条院の御代からこのかた、白河・鳥羽の時代まで、能書も非能書も、皆、行成卿の風体である」（『入木抄』）と記されたように、行成の書風が天下を風靡した。十七代の行季が享禄五年（一五三二）に死去して世尊寺家が断絶するまで、宮廷の書役を務めていた。

その書は、柔和で端正な書体、豊満な筆線、粘りのある線質を特徴とするとされる（黒板伸夫『藤原行成』、三二八頁図版参照）。

◈万寿元年（一〇二四）　法成寺供養の願文

藤原行成五十三歳（正二位、権大納言）　後一条天皇十七歳　藤原道長五十九歳　関白藤原頼通三十三歳　太皇太后宮藤原彰子三十七歳　中宮藤原威子二十六歳　東宮敦良親王十六歳

・六月二十六日　法成寺薬師堂供養／願文を書く（『諸寺供養類記』による）

法成寺薬師堂供養が行なわれた。太皇太后宮（藤原彰子）がお出ましになった〈「早朝」と云うことだ。〉。左右内府（藤原頼通・藤原実資・藤原教通）が参られた。講師は山座主（院源）、呪願は扶公大僧都。引頭は四人、唄師は四人、散花は四人、堂達は二人であった。朝廷の御斎会に准じたのである。私がお出ましになられたので、公卿たちは螺鈿の釼と隠文の帯を着けた。私（藤原行成）は施主（藤原道長）の願意を記す願文を書くので、早く参らなか

った。願文は文章博士（慶滋）為政朝臣が作成したものである。その量は、『千字文』より多かった。巳刻（午前九時－十一時）の頃、書き終わった。先ずこれを献上させた。午刻（午前十一時－午後一時）、参った。講師が高座に登った。様々な事は式次第にある。

❖法成寺薬師堂供養。太皇太后宮、行啓す〈「早旦」と云々。〉。左右内府、参らるるなり。講師、山座主。呪願、扶公大僧都。引頭四人、唄四人、散花四人、堂達二人。御斎会に准ふるなり。行啓有るに依りて、諸卿、螺鈿の釼・隠文の帯を著す。願文、□□に依りて、早く参らず。願文、文章博士為政朝臣、作るなり。其の多き、千字文に過ぐ。巳剋ばかり、書き了んぬ。先づ之を奉らしむ。午時、参入す。講師、高座に登る。雑事、式に在り。

法成寺薬師堂供養、太皇太后宮行啓〈早旦云々、〉、左右内府被レ参也、講師山座主・呪願扶公大僧都、引頭四人、唄四人、散花四人、堂達二人、准二御斎会一也、依レ有二行啓一、諸卿著二螺鈿釼・隠文帯一、依二願文□□一不二早参一、願文々章博士為政朝臣作也、其多過二千

字文一、已剋許書了、先令レ奉レ之、午時参入、講師登二高座一、雑事在レ式、

＊六月二十六日には法成寺の薬師堂供養が行なわれた。行成は『千字文』よりも長い願文を書かされ、講師の説経は黄昏にまで及ぶなど、道長の「やる気」が前面に出た法会であった。藤原斉信は、「大会で説経を行なうとは、まったく聞いたことのない事である」と呆れている。なお、千字文とは中国梁の周興嗣が撰した漢字を覚えるための小学入門書で、書法初学の書ともなった。毎句四字で二五〇句、一字の重複もなく計一千字あった。

その後も講堂、十斎堂、経蔵、僧房、五重塔、東北院、西北院などが次々に落成し、定朝を中心とする仏師たちによって造顕された莫大な数の仏像が安置された。これでこの寺は、鎮護国家や国土・万民の平穏を願う寺院として、仏教界を統合する総合寺院としての性格を有することとなったのである。金堂や講堂を擁する大伽藍の造営は、平安時代では東寺・西寺以来のこととされる（上島享『日本中世社会の形成と王権』）。

その間、治安三年六月十一日には礎石とするために、諸卿に羅城門・豊楽殿・神泉苑・諸司・諸寺の石を曳かせ、万寿二年（一〇二五）八月十二日には豊楽殿の鴟尾を

取らせて、「万代の皇居は、一人（道長）の自由か。悲しいことよ、悲しいことよ」と実資を嘆かせている（『小右記』）。

法成寺・土御門第模型（京都市歴史資料館蔵・京都市平安京創生館展示）

法成寺・土御門第故地

◆万寿三年（一〇二六）　藤原彰子、上東門院に

藤原行成五十五歳（正二位、権大納言・按察使）　後一条天皇十九歳
藤原道長六十一歳　関白藤原頼通三十五歳　上東門院藤原彰子三十九歳
中宮藤原威子二十八歳　東宮敦良親王十八歳

正月十九日　藤原彰子、出家。上東門院となる（『院号定部類記』による）

今日、太皇太后（藤原彰子）が髪を落として出家した〈三十九歳。〉。私（藤原行成）は先ず宮（彰子）の許に参った。その時、土御門院におられたのである。中宮大夫（藤原斉信）以下の者は、西対に控えていた。しばらくして、権中納言（藤原長家）が入道殿（藤原道長）に伝えて聞かせた。中宮大夫は渡殿に参った。関白（藤原頼通）と右大臣（藤原実資）が控えられた。酉刻（午後五時－七時）の頃、右大臣以下の者は内裏に参った。左仗座に控えた。

左中弁（源）経頼朝臣が右大臣に、後一条天皇の命を伝えて云ったことには、「太皇太后宮は、今日、出家されることになった。院号については、東三条院（藤原詮子）の例に准じて行なわれるべきであろうか。加えて行なわれるべき事が有った場合に対処する為か。審議させるように」ということだ。大臣（実資）が申して云ったことには、「院号については、故東三条院の例に准じて、屋敷〈上東門院。〉を院号とします。太皇太后宮進と太皇太后宮属を停めて、判官代と主典代とすべきでしょうか。また、内膳司が供する御飯と御菜、また封戸と季服といった収入は、元のとおりとすべきでしょうか。また、年官と年爵といった収入は、あの時は、出家の次の年の正月に、元のとおりとするようにとの命令が有りました。ところが今回は、官職任命の儀式が近くにあります。今、元のとおりとするということを、命令に書かれるべきでしょうか」と。また、天皇がおっしゃって云ったことには、「太皇太后宮職を停めて、上東門院とするように。進と属を停めて、判官代と主典代とせよ。また、内膳司の御菜、及び封戸・

御季服・年官・年爵は、元のとおりとせよ。ただし内膳司の御飯は、宮から止められるように天皇に申しあげられた。そこで止めるように。御菜・封戸・季服は、元のとおりとせよ。また、御飯を止める事を、弁は史に伝えるように。他の事は大臣が外記に伝えるように」と云うことだ。……

❖今日、太皇太后、落飾入道す〈三十九。〉。余、先づ宮に参る。時に土御門院に御するなり。中宮大夫以下、西対に候ず。暫くして権中納言、入道殿に示し、聞こえしむ。中宮大夫、渡殿に参る。関白・右大臣、候ぜらる。酉時ばかり、右大臣已下、内に参る。左仗に候ず。左中弁経頼朝臣、右大臣に仰せて云はく、「太皇太后宮、今日、御出家の事有るべし。院号等の事、東三条院の例に准へて行なはるべきか。加へ行なはるべき事有るべきに当たらんが為か。定め申さしむべし」といへり。大臣、申さしめて云はく、「院号等の事、故東三条院の例、御在所〈上東門院。〉を以て院号と為す。進・属等を停め、判官代・主典代と為すべきか。又、内膳の御飯・御菜、并びに御封・御季御服、元のごとかるべきか。又、年官・年爵、彼の時、御出家の次の年正月、元のごとく為すべき由、宣旨有り。而るに此の度、除目、近きなり。今、元のごとかる由、宣旨に書き給ふべきか」と。又、仰せて云はく、「太皇太后宮職を止め、上東門院と為すべし。進・属を止め、判官代・主典代と為せ。又、内膳の御菜、幷びに御封・御季御服物・年官・年爵等、元のごとし。但し内膳の御飯、宮より止めらるべき由を奏せらる。仍りて止むべし。御菜・御封・御季御服等、元のごとし。又、御飯を止むべき事、弁、史に仰せよ。余の事、大臣、外記に仰せよ」と云々。……

今日太皇太后落飾入道〈卅九、〉、余先参レ宮、于レ時御二土御門院一也、中宮大夫以下候二西対一、暫之権中納言示二入道殿一令レ聞、中宮大夫参二渡殿一、関白・右大臣被レ候、酉時許右大臣已下参レ内、候二左仗一、左中弁経頼朝臣仰二右大臣一云、太皇太后宮今日可レ有二御出家事一、院号等之事、准二東三条院例一可レ被レ行歟、為レ当レ可レ有下可レ被二加行一之事上歟、可レ令二定申一者、大臣令レ申云、院号等事、故東三条院例、以二御在所〈上東門院、〉一為二院号一、停二進・属等一可レ為二判官代・主典代一歟、又内膳御飯・御菜幷御封・御季御服可レ如レ元歟、又年官・年爵、彼時御出家之次年正月、可レ為レ如レ元之由、有二宣旨一、而此度除目近也、今如レ元之由、可レ書二給宣旨一歟、又仰云、止二太皇太后宮職一、可レ為二上東門院一、止二進・属一為二判官代・主典代一、又内膳御菜弁御封・御季御服物・年官・年爵等如レ元、但内膳御飯、自レ宮被レ奏二可レ被レ止之由一、仍可レ止、御菜・御封・御季御服等如レ元、又御飯可レ止事、弁仰レ史、余事大臣仰二外記一云々、……

✻太皇太后宮彰子は、この年の正月十九日、落飾入道し、上東門院の称号を受けて、東三条院詮子に次ぐ二人目の女院となった（『院号定部類記』所引『野右記〈小右記〉』『権記』）。

その際、涕泣が雨のようであった道長は詔書を用いるよう命じたが、実資は詮子の例によって宣旨を用いるべきであると進言し、道長が承諾するという一幕があった。この間、関白藤原頼通は議に関わることはなかった（『院号定部類記』所引『野右記〈小右記〉』）。

翌万寿四年（一〇二七）に道長が死去すると、彰子は天皇家の長・藤原氏の長として、まさに国の頂点に立った。子の後一条・後朱雀天皇、孫の後冷泉・後三条天皇、そして曾孫の白河天皇までの治世を見届け、承保元年（一〇七四）十月三日、道長と同じ法成寺阿弥陀堂において八十七歳で崩御した。

略系図

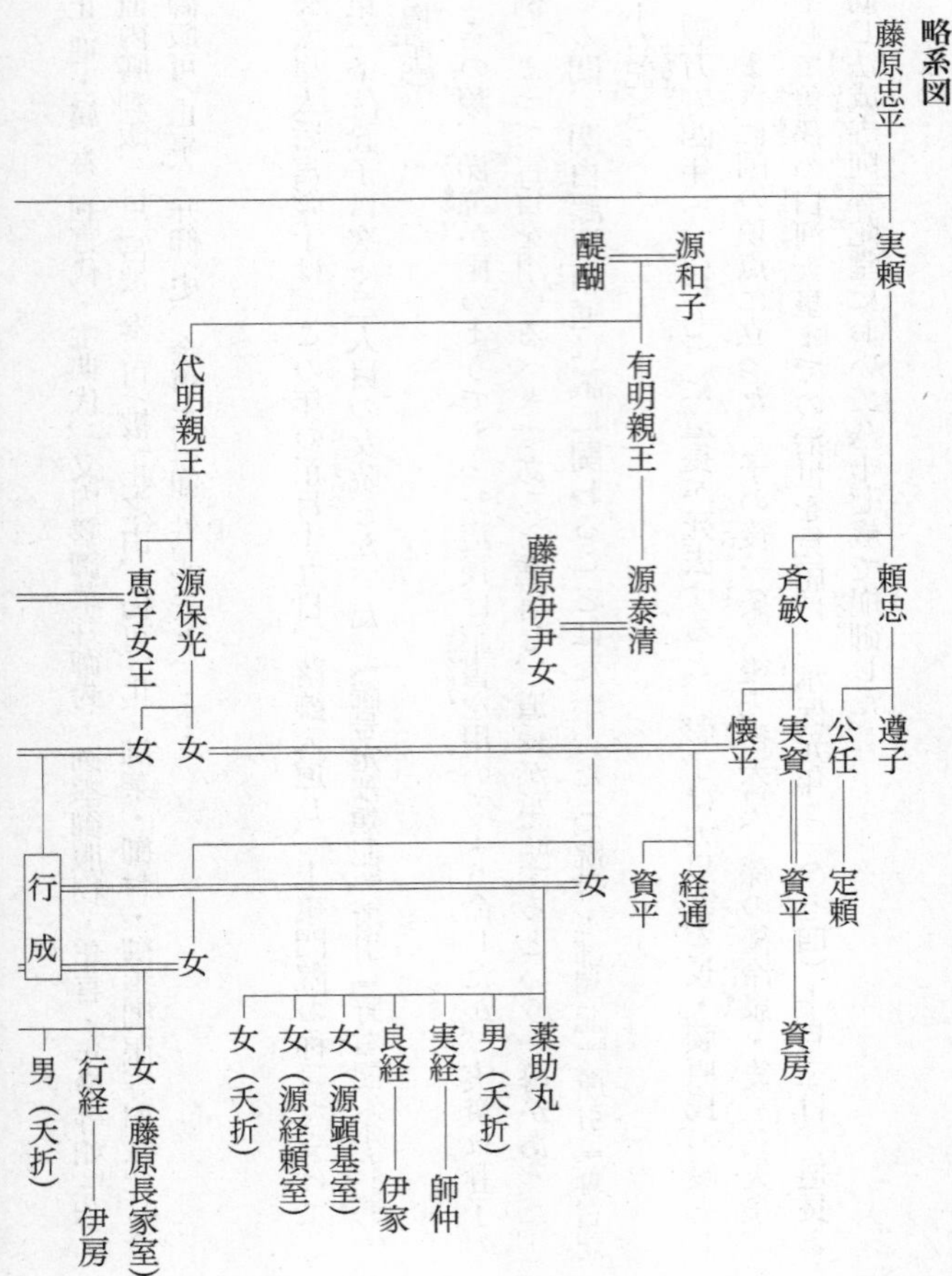
藤原忠平
実頼
頼忠
遵子
公任
定頼
斉敏
懐平
実資
資平
資房
経通
資平
源和子
醍醐
有明親王
源泰清
藤原伊尹女
代明親王
源保光
恵子女王
女
女
女
女
行成
薬助丸
男（夭折）
実経
師仲
良経
伊家
女（源顕基室）
女（源経頼室）
女（夭折）
女（藤原長家室）
行経
伊房
男（夭折）

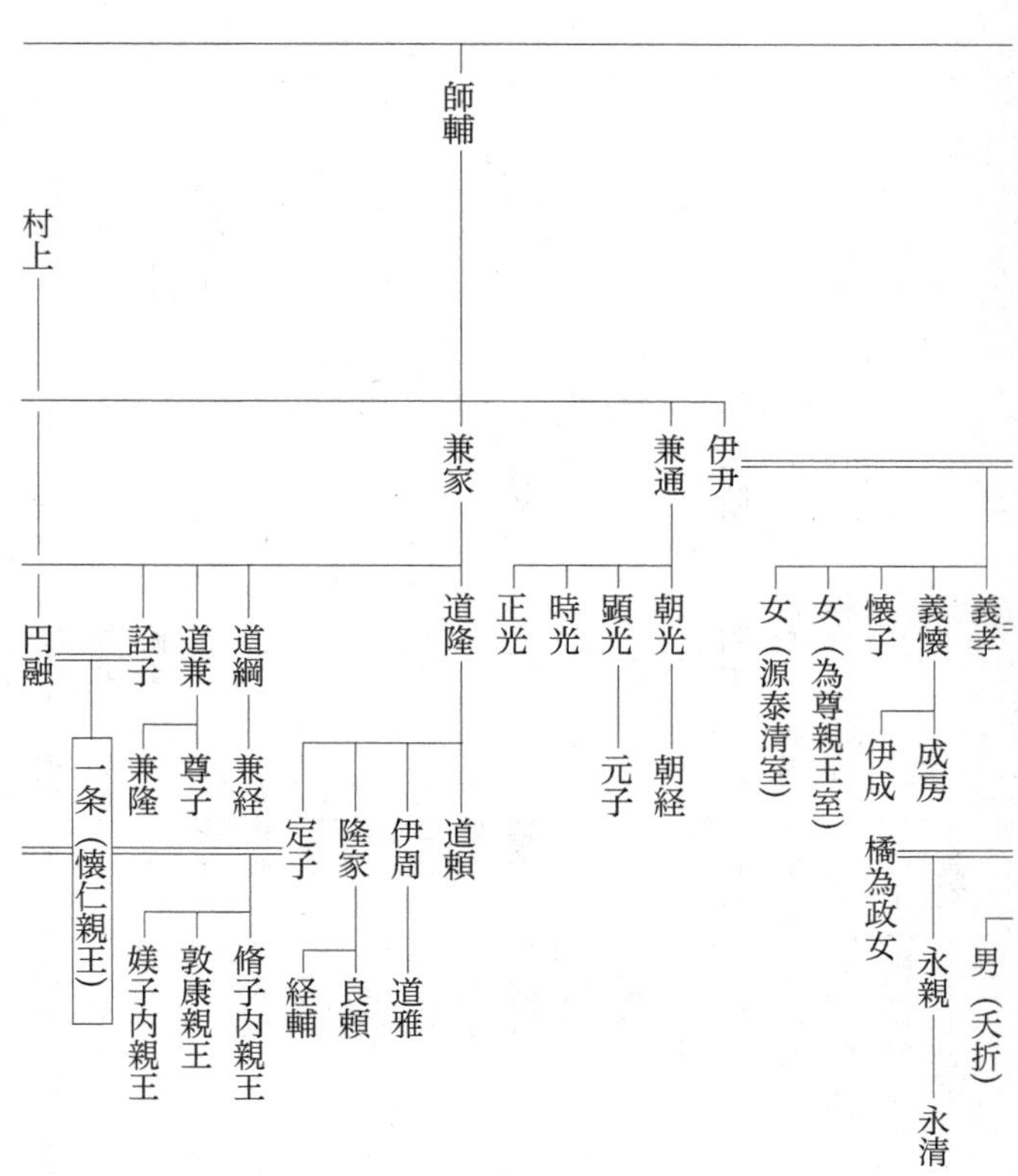
師輔
村上
兼家
兼通
伊尹
円融
詮子
道兼
道綱
道隆
正光
時光
顕光
朝光
女（源泰清室）
女（為尊親王室）
懐子
義懐
義孝
兼隆
尊子
兼経
元子
朝経
伊成
成房
一条（懐仁親王）
定子
隆家
伊周
道頼
橘為政女
男（夭折）
永親
永清
媄子内親王
敦康親王
脩子内親王
経輔
良頼
道雅

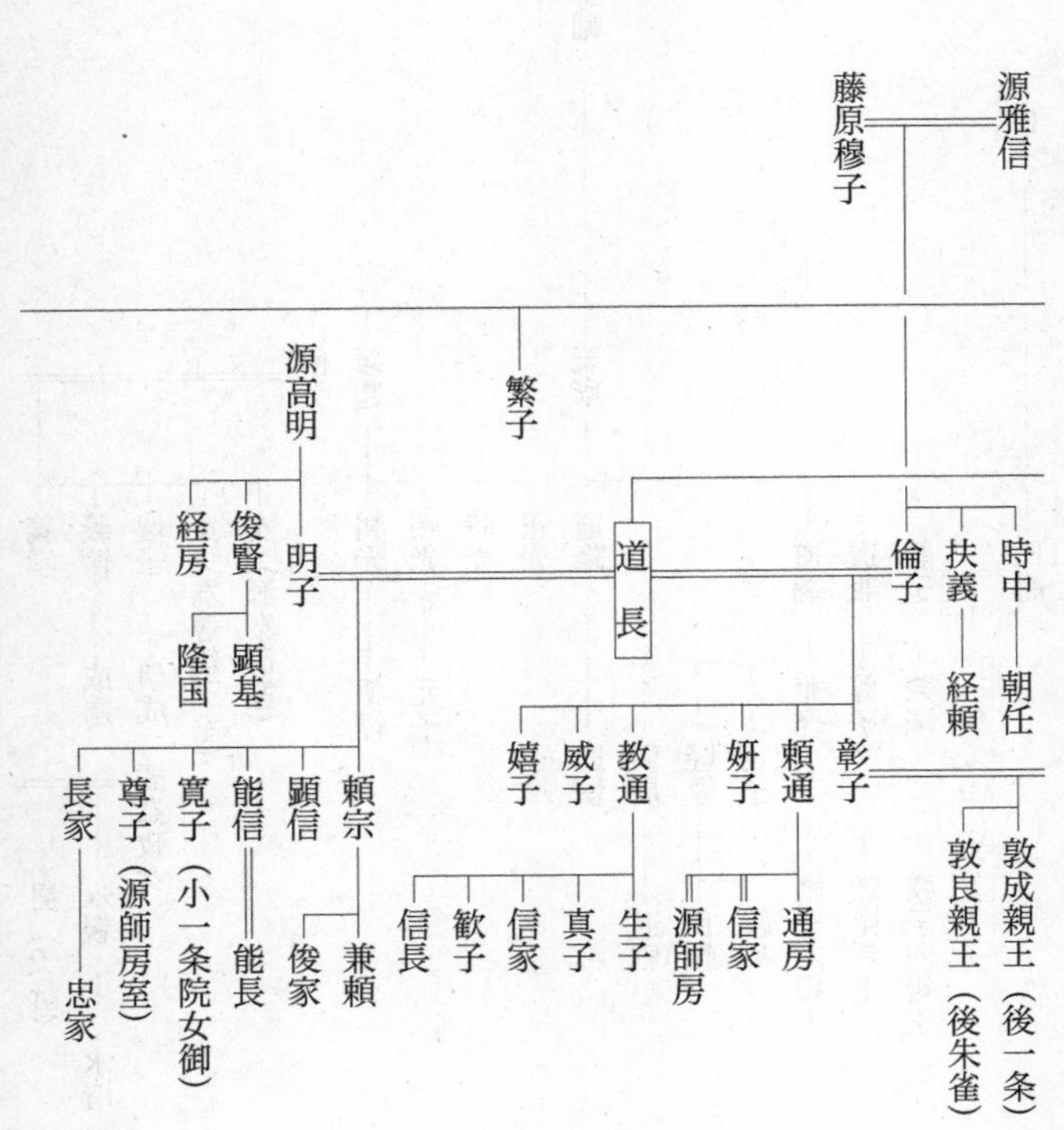
源雅信
藤原穆子
時中
朝任
扶義
経頼
倫子
道長
彰子
敦成親王（後一条）
敦良親王（後朱雀）
頼通
通房
妍子
信家
源師房
教通
生子
真子
信家
歓子
信長
威子
嬉子
繁子
源高明
明子
俊賢
顕基
経房
隆国
頼宗
兼頼
顕信
俊家
能信
能長
寛子（小一条院女御）
尊子（源師房室）
長家
忠家

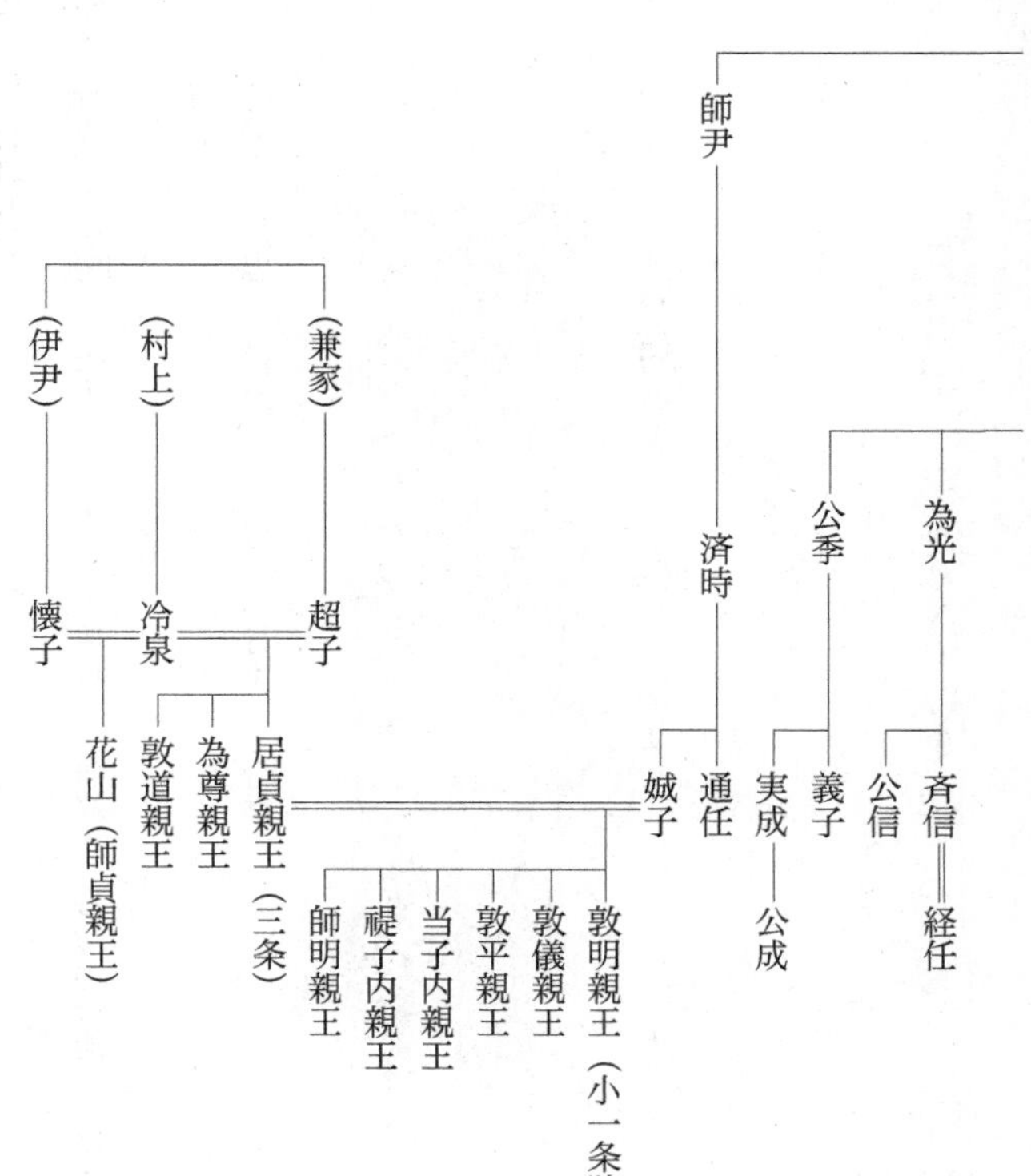
師尹
為光
公季
済時
斉信
公信
義子
実成
通任
娍子
経任
公成
(兼家)
(村上)
(伊尹)
超子
冷泉
懐子
居貞親王（三条）
為尊親王
敦道親王
花山（師貞親王）
敦明親王（小一条院）
敦儀親王
敦平親王
当子内親王
禔子内親王
師明親王

（世尊寺流）　□は議政官

行成―行経―伊房―定実―定信―伊行―伊経―世尊寺行能―経朝―経尹

経尹―行房

経尹―行尹―行忠―行俊―行豊―行康―行季

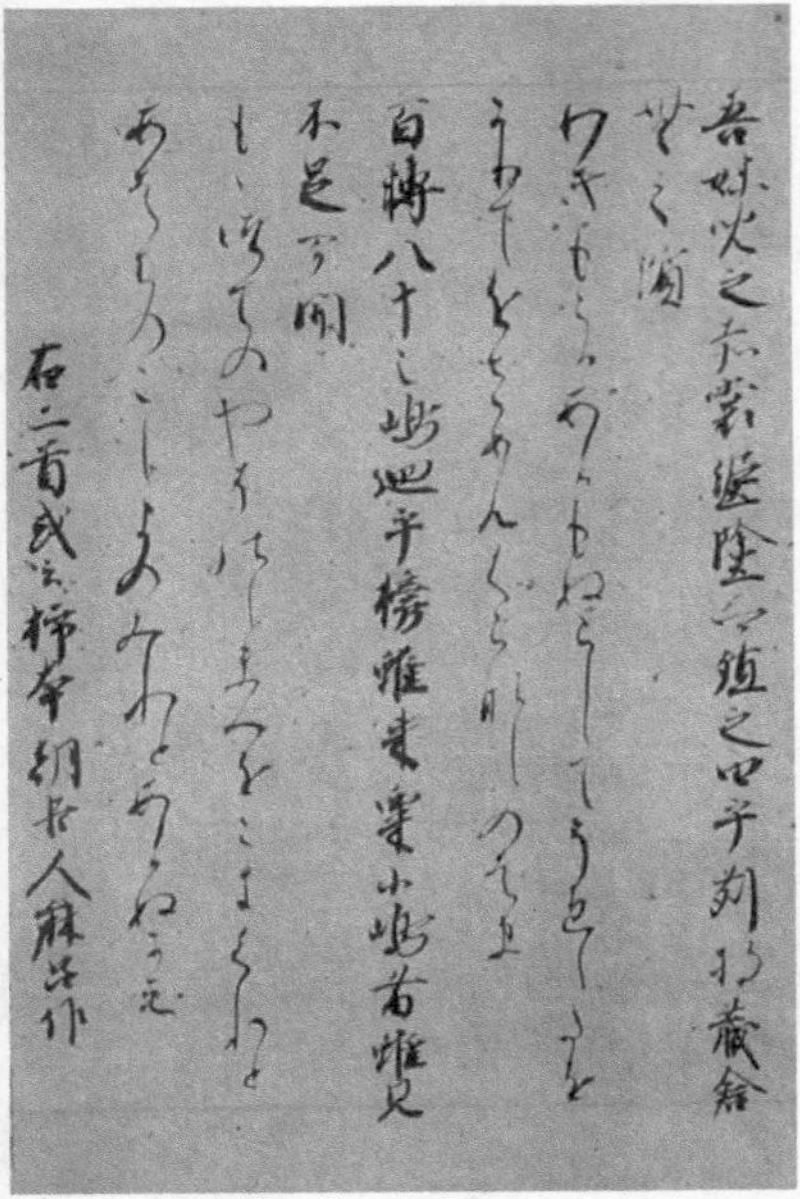

「藍紙本万葉集切」部分（藤原伊房筆、東京国立博物館蔵、ColBase（https://colbase.nich.go.jp/））

略年表

年次	西暦	天皇	年齢	官位	事績	参考事項
天禄三年	九七二	円融	一		十一月、祖父伊尹薨去	十月、兼通内覧
天延二年	九七四	円融	三		九月、父義孝卒去	三月、兼通関白
天元三年	九八〇	円融	九			六月、懐仁親王(後の一条天皇)誕生
天元五年	九八二	円融	一一		二月、元服	十月、『池亭記』
永観二年	九八四	円融／ 花山	一三	従五位下	正月、叙爵	
寛和元年	九八五	花山	一四	侍従		四月、『往生要集』
寛和二年	九八六	花山／ 一条	一五	左兵衛権佐	二月、昇殿	六月、花山天皇出家、一条天皇即位 六月、兼家摂政
永延元年	九八七	一条	一六	従五位上	九月、昇殿	二月、奝然宋より帰国
永延二年	九八八	一条	一七			十一月、尾張国郡司百姓、守を愁訴
永祚元年	九八九	一条	一八		八月、源泰清女と結婚	

正暦元年	九九〇	一条	一九	備後権介		五月、道隆摂政
						十月、定子中宮
正暦二年	九九一	一条	二〇	正五位下		二月、円融院崩御
						九月、詮子出家、東三条院となる
正暦四年	九九三	一条	二二	従四位下	正月、還昇	四月、道隆関白
正暦五年	九九四	一条	二三			是歳、疫病蔓延
長徳元年	九九五	一条	二四	蔵人頭	正月、母源保光女卒去	四月、道隆薨去、道兼関白
				兼侍従	五月、源保光薨去	五月、道兼薨去
						五月、道長内覧
						是歳、疫病猖獗
長徳二年	九九六	一条	二五	兼民部権大輔		四月、伊周・隆家、左遷
				兼権左中弁		十二月、定子、脩子内親王出産
				兼左中弁		
長徳三年	九九七	一条	二六	兼備前守		四月、伊周・隆家、赦免
						十月、奄美海賊、九州乱入
長徳四年	九九八	一条	二七	従四位上	十月、男児死去	三月、道長の内覧停止

				兼右大弁	十月、東三条院別当 十二月、実経誕生	是歳、疫病蔓延
長保元年	九九九	一条	二八	兼備後守 兼大和権守	四月、源泰清卒去 十二月、彰子立后を一条に勧告	六月、内裏焼亡、一条院遷御 十一月、定子、敦康親王出産
長保二年	一〇〇〇	一条	二九	正四位下	九月、盗賊に襲われる	二月、彰子中宮・定子皇后 十月、内裏還御 十二月、定子、媄子内親王出産、崩御
長保三年	一〇〇一	一条	三〇	従三位 参議 兼侍従	二月、敦康親王家別当 二月、世尊寺供養 八月、良経誕生	十一月、内裏焼亡、一条院遷御 閏十二月、詮子崩御 是頃、『枕草子』
長保四年	一〇〇二	一条	三一		十月、行成室・女児、共に卒去	
長保五年	一〇〇三	一条	三二	正三位	是歳、卒去した室の妹と結婚	十月、内裏還御
寛弘元年	一〇〇四	一条	三三	兼美作権守 兼兵部卿		
寛弘二年	一〇〇五	一条	三四	兼左大弁 兼播磨守	十二月、神鏡焼損により勅使として伊勢大神宮に下向	十一月、伊周、朝議に参与 十一月、内裏焼亡、東三条第遷御

寛弘三年	一〇〇六	一条	三五			三月、一条院遷御 十二月、紫式部、彰子に出仕
寛弘四年	一〇〇七	一条	三六	従二位 兼皇太后宮 権大夫	十一月、女児誕生	三月、土御門第で曲水宴
寛弘五年	一〇〇八	一条	三七		九月、男児(双生児)誕生、死去	二月、花山院崩御 九月、彰子、敦成親王出産 是頃、『源氏物語』
寛弘六年	一〇〇九	一条	三八	権中納言	十二月、実経元服	二月、伊周、呪詛事件により朝参停止 十月、一条院焼亡、枇杷殿遷御 十一月、彰子、敦良親王出産
寛弘七年	一〇一〇	一条	三九		春以来、一条から敦康立太子の諮問を受ける 四月、故源泰清室卒去	正月、伊周薨去 七月、敦康親王元服 十一月、一条院還御
寛弘八年	一〇一一	一条／三条	四〇		五月、一条に敦成立太子を献言 七月、故源保光と母を改	六月、三条天皇践祚、敦成立太子 六月、一条上皇崩御

					葬、骨灰を鴨川に流す 八月、良経元服	八月、内裏遷御 十月、冷泉院崩御
長和元年	一〇一二	三条	四一	兼太皇太后宮権大夫	是歳、行経誕生	二月、姸子中宮 四月、娍子皇后
長和二年	一〇一三	三条	四二	正二位		
長和三年	一〇一四	三条	四三			二月、内裏焼亡、枇杷殿遷御
長和四年	一〇一五	三条	四四			九月、内裏還御 十一月、内裏焼亡、枇杷殿遷御
長和五年	一〇一六	三条／後一条	四五			正月、後一条天皇践祚、敦明立太子 正月、道長摂政 六月、一条院遷御
寛仁元年	一〇一七	後一条	四六	中納言		三月、頼通摂政 五月、三条院崩御 八月、敦明東宮を辞し、敦良立太子
寛仁二年	一〇一八	後一条	四七		三月、行成女、道長男長家と結婚	四月、内裏遷御 十月、威子中宮（一家三后）

						十二月、敦康親王薨去
寛仁三年	一〇一九	後一条	四八	兼大宰権帥		三月、道長出家 四月、刀伊の入寇 十二月、頼通関白
寛仁四年	一〇二〇	後一条	四九	権大納言		
治安元年	一〇二一	後一条	五〇		三月、行成女(長家室)卒去	
治安二年	一〇二二	後一条	五一		十二月、行経元服	七月、後一条天皇、法成寺行幸
治安三年	一〇二三	後一条	五二		六月、実経釐務停止	
万寿元年	一〇二四	後一条	五三			二月、京都大火
万寿三年	一〇二六	後一条	五五	兼按察使		正月、彰子出家、上東門院となる
万寿四年	一〇二七	後一条	五六		十二月四日、薨去 十二月十六日、葬送	十二月四日、道長薨去

方位・時刻

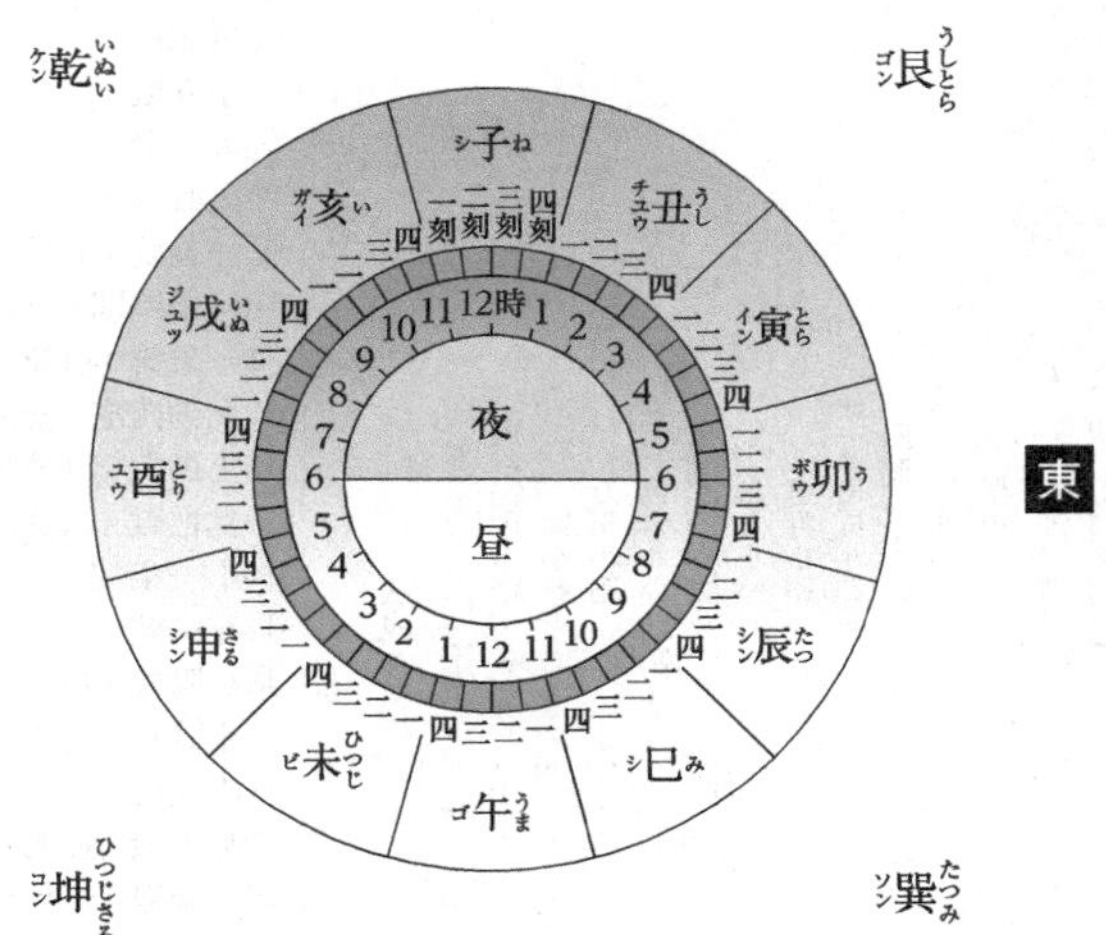
北
乾 ケン いぬい
艮 ゴン うしとら
子 シ ね
亥 ガイ い
丑 チュウ うし
一刻 二刻 三刻 四刻
12時
戌 ジュツ いぬ
寅 イン とら
夜
昼
西
酉 ユウ とり
卯 ボウ う
東
申 シン さる
辰 シン たつ
未 ビ ひつじ
午 ゴ うま
巳 シ み
坤 コン ひつじさる
巽 ソン たつみ
南

国土地理院発行1／25,000地形図「京都東北部」「京都西北部」を基に、縮小・加筆して作成。

関係地図（平安京北半・北辺）

平安宮内裏図

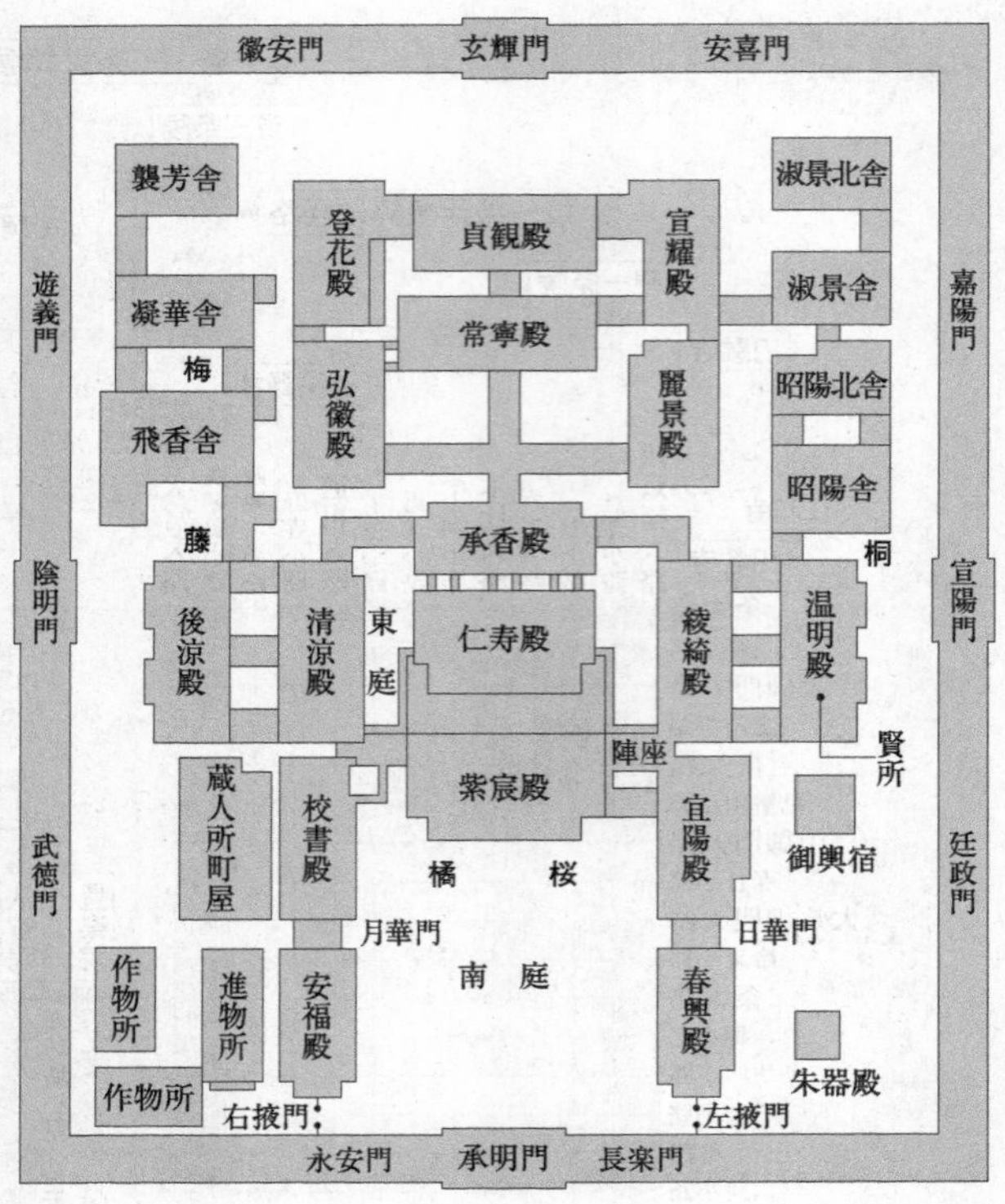
徽安門
玄輝門
安喜門
襲芳舎
登花殿
貞観殿
宣耀殿
淑景北舎
淑景舎
遊義門
凝華舎
常寧殿
嘉陽門
梅
弘徽殿
麗景殿
昭陽北舎
飛香舎
昭陽舎
藤
承香殿
桐
陰明門
後涼殿
清涼殿
東庭
仁寿殿
綾綺殿
温明殿
宣陽門
陣座
賢所
紫宸殿
蔵人所町屋
校書殿
宜陽殿
御輿宿
武徳門
橘
桜
延政門
月華門
日華門
作物所
進物所
安福殿
南庭
春興殿
朱器殿
作物所
右掖門
左掖門
永安門
承明門
長楽門

一条院内裏図

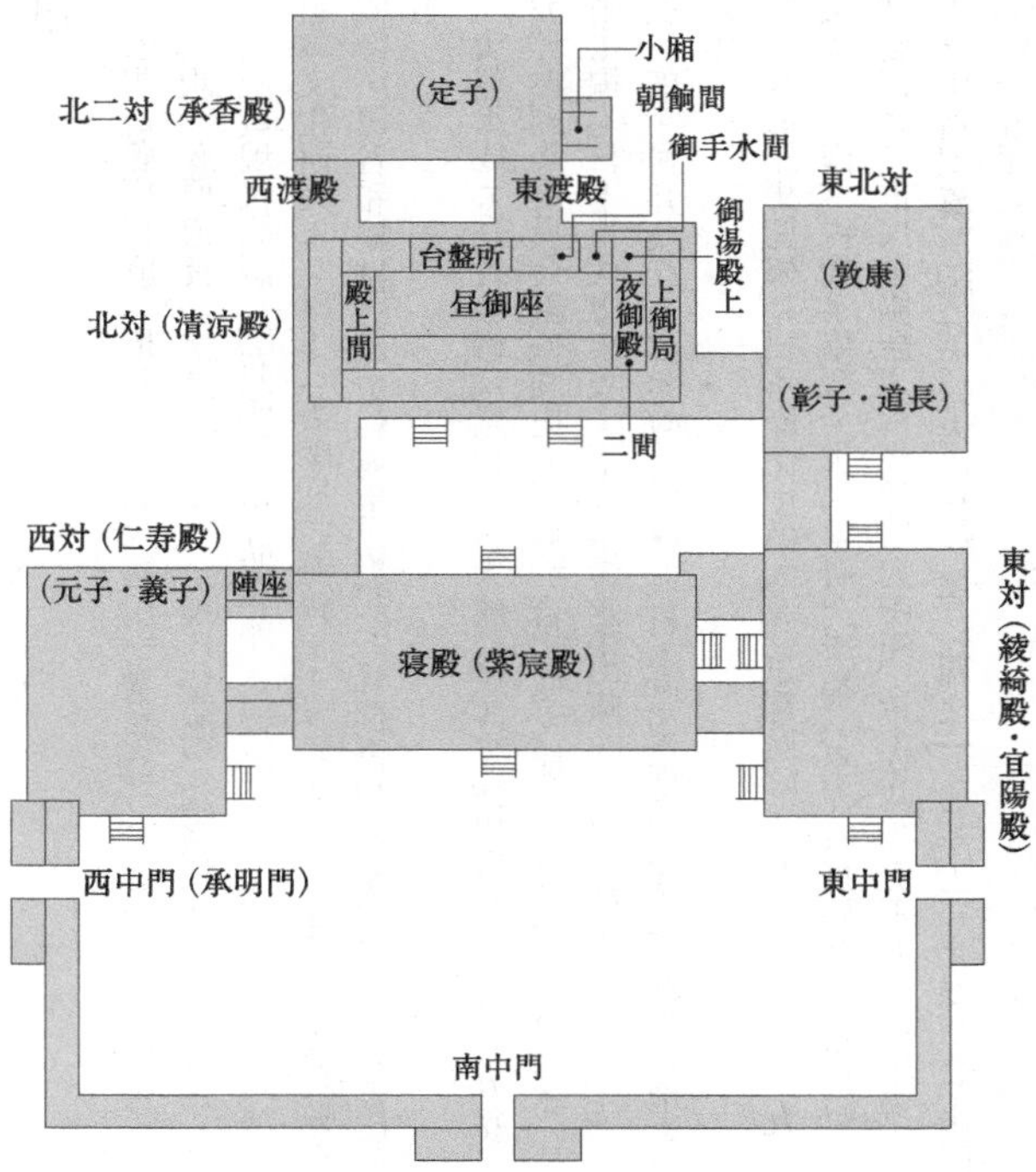
小廂
（定子）
北二対（承香殿）
朝餉間
御手水間
西渡殿
東渡殿
東北対
御湯殿上
台盤所
（敦康）
殿上間
昼御座
夜御殿
上御局
北対（清涼殿）
（彰子・道長）
二間
西対（仁寿殿）
（元子・義子）
陣座
東対（綾綺殿・宣陽殿）
寝殿（紫宸殿）
西中門（承明門）
東中門
南中門

参考図書

倉本一宏訳『藤原行成「権記」全現代語訳』講談社　二〇一一～一二年
倉本一宏訳『藤原道長「御堂関白記」全現代語訳』講談社　二〇〇九年
倉本一宏訳『現代語訳　小右記』吉川弘文館　二〇一五～二三年（予定）
国際日本文化研究センター「摂関期古記録データベース」(https://db.nichibun.ac.jp/ja/)
渡辺直彦・厚谷和雄校訂『史料纂集　権記』続群書類従完成会・八木書店　一九七八～九六年
増補「史料大成」刊行会編『増補史料大成　権記』臨川書店　一九六五年
国史大辞典編集委員会編『国史大辞典』吉川弘文館　一九七九～九七年
笹山晴生編『日本古代史年表（下）』東京堂出版　二〇〇八年
林屋辰三郎・村井康彦・森谷尅久監修『日本歴史地名大系　京都市の地名』平凡社　一九七九年
柴田實・高取正男監修『日本歴史地名大系　京都府の地名』平凡社　一九八一年
角田文衞総監修、古代学協会・古代学研究所編『平安京提要』角川書店　一九九四年
角田文衞監修、古代学協会・古代学研究所編『平安時代史事典』角川書店　一九九四年
東京大学史料編纂所編『大日本史料』第二篇之一～三十二　東京大学出版会　一九二八～二〇一九年

槇野廣造編『平安人名辞典　長保二年』高科書店　一九九三年
上島　享『日本中世社会の形成と王権』名古屋大学出版会　二〇一〇年
恵美千鶴子『藤原行成の書　その流行と伝称』東京国立博物館　二〇一六年
倉本一宏『摂関政治と王朝貴族』吉川弘文館　二〇〇〇年
倉本一宏『一条天皇』吉川弘文館　二〇〇三年
倉本一宏『平安貴族の夢分析』吉川弘文館　二〇〇八年
倉本一宏『三条天皇』ミネルヴァ書房　二〇一〇年
倉本一宏『藤原道長の日常生活』講談社　二〇一三年
倉本一宏『藤原氏　権力中枢の一族』中央公論新社　二〇一七年
倉本一宏編『日本人にとって日記とは何か』臨川書店　二〇一六年
黒板伸夫『藤原行成』吉川弘文館　一九九四年
土田直鎮『日本の歴史5　王朝の貴族』中央公論社　一九六五年
土田直鎮『奈良平安時代史研究』吉川弘文館　一九九二年
西本昌弘編『新撰年中行事』八木書店　二〇一〇年
谷川　愛「平安時代における天皇・太上天皇の喪葬儀礼」倉本一宏編『王朝再読』臨川書店　二〇二一年（初出一九九九年）
細井浩志『古代の天文異変と史書』吉川弘文館　二〇〇七年

ビギナーズ・クラシックス 日本の古典
権記
藤原行成 倉本一宏＝編

令和3年 9月25日 初版発行
令和6年 9月25日 8版発行

発行者●山下直久

発行●株式会社KADOKAWA
〒102-8177 東京都千代田区富士見2-13-3
電話 0570-002-301(ナビダイヤル)

角川文庫 22845

印刷所●株式会社KADOKAWA
製本所●株式会社KADOKAWA

表紙画●和田三造

●お問い合わせ
https://www.kadokawa.co.jp/（「お問い合わせ」へお進みください）
※内容によっては、お答えできない場合があります。
※サポートは日本国内のみとさせていただきます。
※Japanese text only

ISBN 978-4-04-400662-4 C0195

◆◇◇

角川文庫発刊に際して

角　川　源　義

第二次世界大戦の敗北は、軍事力の敗北であった以上に、私たちの若い文化力の敗退であった。私たちの文化が戦争に対して如何に無力であり、単なるあだ花に過ぎなかったかを、私たちは身を以て体験し痛感した。西洋近代文化の摂取にとって、明治以後八十年の歳月は決して短かすぎたとは言えない。にもかかわらず、近代文化の伝統を確立し、自由な批判と柔軟な良識に富む文化層として自らを形成することに私たちは失敗して来た。そしてこれは、各層への文化の普及滲透を任務とする出版人の責任でもあった。

一九四五年以来、私たちは再び振出しに戻り、第一歩から踏み出すことを余儀なくされた。これは大きな不幸ではあるが、反面、これまでの混沌・未熟・歪曲の中にあった我が国の文化に秩序と確たる基礎を齎らすためには絶好の機会でもある。角川書店は、このような祖国の文化的危機にあたり、微力をも顧みず再建の礎石たるべき抱負と決意とをもって出発したが、ここに創立以来の念願を果すべく角川文庫を発刊する。これまで刊行されたあらゆる全集叢書文庫類の長所と短所とを検討し、古今東西の不朽の典籍を、良心的編集のもとに、廉価に、そして書架にふさわしい美本として、多くのひとびとに提供しようとする。しかし私たちは徒らに百科全書的な知識のジレッタントを作ることを目的とせず、あくまで祖国の文化に秩序と再建への道を示し、この文庫を角川書店の栄ある事業として、今後永久に継続発展せしめ、学芸と教養との殿堂として大成せんことを期したい。多くの読書子の愛情ある忠言と支持とによって、この希望と抱負とを完遂せしめられんことを願う。

一九四九年五月三日

角川ソフィア文庫ベストセラー

古事談
ビギナーズ・クラシックス 日本の古典

源　顕兼
編／倉本一宏

鎌倉時代初め、源顕兼により編修された『古事談』は、「称徳天皇が道鏡を愛した事」から始まり、貴人の逸話や故実・奇譚まで多彩な説話が満載。70話を厳選し、原文・現代語訳と書下し文に解説を付す決定版！

源氏物語
ビギナーズ・クラシックス 日本の古典

紫　式　部
編／角川書店

日本古典文学の最高傑作である世界第一級の恋愛大長編『源氏物語』全五四巻が、古文初心者でもまるごとわかる！　巻毎のあらすじと、名場面はふりがな付きの原文と現代語訳両方で楽しめるダイジェスト版。

今昔物語集
ビギナーズ・クラシックス 日本の古典

編／角川書店

インド・中国から日本各地に至る、広大な世界のあらゆる階層の人々のバラエティーに富んだ日本最大の説話集。特に著名な話を選りすぐり、現実的で躍動感あふれる古文が現代語訳とともに楽しめる！

平家物語
ビギナーズ・クラシックス 日本の古典

編／角川書店

一二世紀末、貴族社会から武家社会へと歴史が大転換する中で、運命に翻弄される平家一門の盛衰を、叙事詩的に描いた一大戦記。源平争乱における事件や時間の流れが簡潔に把握できるダイジェスト版。

徒然草
ビギナーズ・クラシックス 日本の古典

吉田兼好
編／角川書店

日本の中世を代表する知の巨人・吉田兼好。その無常観とたゆみない求道精神に貫かれた名随筆集から、兼好の人となりや当時の人々のエピソードが味わえる代表的な章段を選び抜いた最良の徒然草入門。

角川ソフィア文庫ベストセラー

ビギナーズ・クラシックス 日本の古典
古今和歌集
編／中島輝賢

春夏秋冬や恋など、自然や人事を詠んだ歌を中心に編まれた、第一番目の勅撰和歌集。総歌数約一一〇〇首から七〇首を厳選。春といえば桜といった、日本的美意識に多大な影響を与えた平安時代の名歌集を味わう。

ビギナーズ・クラシックス 日本の古典
伊勢物語
編／坂口由美子

雅な和歌とともに語られる「昔男」（在原業平）の一代記。垣間見から始まった初恋、天皇の女御となる女性との恋、白髪の老女との契り——。全一二五段から代表的な短編を選び、注釈やコラムも楽しめる。

ビギナーズ・クラシックス 日本の古典
土佐日記（全）
紀貫之
編／西山秀人

平安時代の大歌人紀貫之が、任国土佐から京へと戻る旅を、侍女になりすまし仮名文字で綴った紀行文学の名作。天候不順や海賊、亡くした娘への想いなどが、船旅の一行の姿とともに生き生きとよみがえる！

ビギナーズ・クラシックス 日本の古典
うつほ物語
編／室城秀之

異国の不思議な体験や琴の伝授にかかわる奇瑞などの浪漫的要素と、源氏・藤原氏両家の皇位継承をめぐる対立を絡めながら語られる。スケールが大きく全体像が見えにくかった物語を、初めてわかりやすく説く。

ビギナーズ・クラシックス 日本の古典
和泉式部日記
和泉式部
編／川村裕子

為尊親王の死後、弟の敦道親王から和泉式部へ手紙が届き、新たな恋が始まった。恋多き女、和泉式部が秀逸な歌とともに綴った王朝女流日記の傑作。平安時代の愛の苦悩を通して古典を楽しむ恰好の入門書。